FINAL CALL

Daniela Schwarzer

FINAL CALL

Wie Europa sich
zwischen China und den
USA behaupten kann

Campus Verlag
Frankfurt/New York

ISBN 978-3-593-51482-6 Print
ISBN 978-3-593-44893-0 E-Book (PDF)
ISBN 978-3-593-44892-3 E-Book (EPUB)

Umschlaggestaltung: *zeichenpool, München
Umschlagmotiv: © shutterstock, Borhax und Profit_Image
Redaktion: Thorsten Schulte
Satz: inpunkt[w]o, Haiger (www.inpunktwo.de)
Gesetzt aus Minion und Futura
Druck und Bindung: Beltz Grafische Betriebe GmbH, Bad Langensalza
Beltz Grafische Betriebe ist ein klimaneutrales Unternehmen (ID 15985-2104-100).
Printed in Germany
www.campus.de

Unseren Kindern

»China ist die größte außenpolitische Herausforderung des 21. Jahrhunderts. Die USA haben sie angenommen. Aber was macht Europa? In ihrem Buch denkt Daniela Schwarzer die Rolle Europas im Systemkonflikt zwischen China und dem Westen neu. *Final Call* ist eine kluge Analyse der geopolitischen Ausgangslage und ein starkes Plädoyer für eine neue europäische Außenpolitik!«

Norbert Röttgen, Vorsitzender des Auswärtigen Ausschusses
des Deutschen Bundestags

»Daniela Schwarzer beschreibt ernsthaft, aber nicht alarmistisch die Herausforderungen an uns Europäerinnen und Europäer – und die Unfähigkeit unserer nationalen und europäischen Politik, diesen gerecht zu werden. Sie stellt die politische Debatte vom Kopf auf die Füße, indem sie die neuen und dramatischen globalen Veränderungen analysiert und daraus ableitet, welche besonderen Aufgaben auf Deutschland zukommen.
Das ist das Gegenteil der üblichen politischen Froschperspektive, die vor allem in Wahlkampfzeiten eingenommen wird. Die leidenschaftliche Europäerin fordert von der Politik ein, dass sie das große Ganze in den Blick nimmt und Orientierung gibt in einer verwirrenden Welt.«

Sigmar Gabriel, Bundesaußenminister a.D. und Vorsitzender der Atlantikbrücke

»Daniela Schwarzer skizziert scharfsinnig die sich verändernde Welt, in der wir leben. *Final Call* macht klar, was Europa tun kann und muss, um diese geopolitischen und geoökonomischen Herausforderungen zu meistern und die Welt von morgen mitzugestalten.«

Josep Borrell, EU-Außenbeauftragter und Vizepräsident der Europäischen Kommission

»Daniela Schwarzer denkt strategisch, schreibt mit Klarheit und Verve, und hat bezwingende Ideen für die Zukunft unseres Kontinents im Systemwettbewerb mit China. Wer Orientierung sucht in unübersichtlichen Zeiten findet sie in dieser hervorragenden Analyse.«

Constanze Stelzenmüller, Fritz-Stern-Chair, Brookings Institution

»Es ist das sprichwörtlich richtige Buch zum richtigen Zeitpunkt: Es gibt zielführende, ja zwingende Antworten darauf, wie Europa im Machtkampf zwischen China und den Vereinigten Staaten und dem fundamentalen Systemkonflikt seine eigenen Interessen und Prinzipien durchsetzen kann. Ohne eine couragierte und ambitionierte Rolle auf der globalen Bühne wird das nicht gelingen. Daniela Schwarzers *Final Call* ist wirklich ein letzter Aufruf!«

Klaus-Dieter Frankenberger, Frankfurter Allgemeine Zeitung

Inhalt

3 Europas Selbstbehauptung

Einleitung

Wir schreiben den Monat März im zweiten Corona-Jahr 2021. Es sind nur zehn Tage, in denen sich die Entwicklungen einer bereits extrem herausfordernden Zeit nochmals verdichten: In Europa schlägt die dritte Viruswelle kurz vor Ostern mit aller Kraft zu. Deutschland und Frankreich weiten ihre Lockdowns aus, die Öffnung der beiden größten europäischen Volkswirtschaften wird vertagt – einmal mehr. Der politische und wirtschaftliche Druck auf die EU, die verbissen um Impfstoffe kämpft, wächst: China ist nach nur einer Corona-Welle in seinen Grenzen bereits auf Erholungskurs, die USA legen ein zusätzliches, milliardenschweres Konjunkturpaket auf und impfen plötzlich, was das Zeug hält.

Die internationalen Spannungen erreichen in diesen Frühlingstagen eine neue Stufe. China verbietet Europäerinnen und Europäern aus Politik und Wissenschaft die Einreise, es rächt sich dafür, dass die Europäische Union (EU) gemeinsam mit den USA die Menschenrechtsverletzungen an den Uiguren sanktioniert hat. Kurzfristig nimmt Joe Biden, der neue US-Präsident und Hoffnungsträger der Transatlantiker, am virtuellen Frühjahrsgipfel der Staats- und Regierungschefs der EU teil. Als er seine Vision für ein neues, transatlantisches Verhältnis als strategische Antwort auf das aufstrebende China darlegt, lächeln die Europäer in ihre Videokameras. Sie sind sich aber längst nicht einig, wie eng der Schulterschluss mit der neuen US-Führung wirklich sein soll.

Der Machtkampf zwischen China und den USA und der dahinterliegende Systemkonflikt sind die wichtigsten globalen Entwicklungen dieses Jahrzehnts. Die EU steht eindeutig mit Joe Bidens

USA im westlichen Lager. Doch sie ist von beiden Seiten abhängig. Es wird zunehmend schwierig für die Europäer, im sich verschärfenden Machtwettbewerb ihren eigenen Stand zu behaupten, um ihre eigenen Interessen durchzusetzen und ihre eigenen Prinzipien zu bewahren. Doch was sind diese überhaupt?

In diesem Buch analysiere ich zunächst die internationalen Herausforderungen, vor denen die Europäer heute stehen in der Welt des Großmächtewettbewerbs, in der geopolitische und geoökonomische Auseinandersetzungen immer härter werden. Danach geht es darum, wie es in der EU und zwischen ihren Mitgliedern aussieht, denn international handlungsfähig ist die Gemeinschaft nur, wenn sie im Inneren zusammenhält. Über 15 Jahre hinweg wurde die EU immer wieder von schweren Krisen erschüttert. Zerstört haben diese die Gemeinschaft nicht, und ich möchte Ihnen zeigen, wie die EU selbst existenzielle Herausforderungen bewältigt hat. Und doch haben die Finanz- und Wirtschaftskrise, die Krise der europäischen Sicherheitsordnung, die Migrationskrise, der Brexit und die Covid-19-Pandemie tiefe und beunruhigende Spuren hinterlassen. Sie haben für Unsicherheit und wirtschaftlichen und sozialen Druck gesorgt und die Entwicklungsunterschiede zwischen Staaten und Regionen verschärft. Sie haben innerhalb von und zwischen Staaten polarisiert und anti-europäische Kräfte gestärkt. All das belastet heute die Entscheidungsfähigkeit der EU. Vor diesem Hintergrund geht es im letzten Teil des Buches um die Frage, was Europa tun kann, um sich trotz dieser inneren Anspannungen im Systemwettbewerb zwischen Demokratien und zunehmend aggressiv auftretenden autoritären Regimen zu schützen, zu behaupten, und um gestalten zu können. Ich greife Vorschläge auf, wie die EU im Inneren stärker werden und gemeinsam mit Partnern in Europa und in der Welt eine aktivere und prägende Rolle spielen kann. Dabei wird deutlich: Es fehlt nicht an Ideen, was getan werden könnte. Es fehlt an Entscheidungswillen und Führungsstärke in einer Union mit 27 Mitgliedstaaten, die viel zu oft viel zu stark mit sich selbst beschäftigt ist. Um die internationalen Herausforderungen zu bewältigen, braucht es eine enge Zusammenarbeit mit dem gerade aus der EU ausgeschiedenen Vereinigten Königreich. Daher spricht dieses Buch auch immer wieder von Europa und nicht nur von der EU, die zwar vieles, aber nicht alles allein angehen sollte.

Im Machtkampf zwischen China und den USA geht es bei Weitem nicht nur um das Ringen einer aufstrebenden Weltmacht hier und einer absteigenden Weltmacht dort. Es geht um einen Systemkonflikt. Hier die westlich-liberalen Demokratien mit ihren offenen Gesellschaften, unabhängigen Gerichten, garantierten Grundrechten und offenen Marktwirtschaften; dort das autoritäre China, in dem die Kommunistische Partei auch mithilfe technischer Mittel die Bevölkerung fast vollständig überwacht und manipuliert, Menschenrechte verletzt und einen aggressiven Staatskapitalismus betreibt, der internationale Standards verletzt. Dieser Systemkonflikt zwischen Demokratie und Autokratie spielt sich weltweit ab, auch in der europäischen Nachbarschaft und sogar innerhalb der EU, denn China dehnt seinen politischen Einfluss gezielt aus, um seine Maßstäbe und sein Modell zu exportieren. So kombiniert Peking Investitionen, aggressive Diplomatie und Manipulation, um Einfluss in westlichen Staaten zu gewinnen, und fördert gleichzeitig autoritäre Tendenzen auf dem ganzen Globus, unter anderem durch den Export von Überwachungstechnologie.

Wie der Systemkonflikt ausgeht, entscheidet über die Zukunft der nach dem Zweiten Weltkrieg etablierten Weltordnung. Jahrzehntelang trug sie dazu bei, dass es keine Großmächtekriege gab, die Weltwirtschaft maßgeblich wuchs und weltweit Armut zurückging. Heute muss sie zwar reformiert werden, doch aus europäischer Sicht sollten ihre Grundprinzipien beibehalten werden: Der Erfolg der EU basiert auf ihrer Einbindung in genau diese regelbasierte Ordnung, die wirtschaftliche Offenheit, Berechenbarkeit durch die Geltung internationalen Rechts, Zusammenarbeit in globalen Fragen und eine friedliche Konfliktbeilegung im Streitfall ermöglicht hat. Nun aber setzt das autokratische China sein wirtschaftliches, diplomatisches und militärisches Gewicht im Streben nach globaler Vorherrschaft gezielt und konfrontativ ein, um diese Ordnung so zu ändern, dass sie seinen Vorstellungen dient.

Aber, trotz alledem: Wir erleben derzeit keinen neuen Kalten Krieg, so eingängig dieses Label auch sein mag. Die Sowjetunion war eine direkte militärische und ideologische Bedrohung, und in ihren Beziehungen zum Westen gab es wenig wirtschaftliche Abhängigkeiten oder persönliche Beziehungen. Mit China haben die EU und die USA intensive Handelsbeziehungen, die Wirtschaften sind auch durch gegenseitige Investitionen stark verflochten, zwischen den Menschen gibt es über die zahlreichen Kooperationen etwa in Wirtschaft und Forschung viel mehr Kontakte. Europa wird heute nicht durch den Export des Kommunismus bedroht, sondern durch ein komplexes Geflecht der gegenseitigen Abhängigkeit und durch Versuche, wirtschaftliche und demokratische Errungenschaften und die Einigkeit der Europäer gerade über diese Interdependenzen gezielt zu untergraben. Dieses enge Beziehungsgeflecht, das über Jahre im guten Glauben an den beiderseitigen Nutzen gestärkt wurde, macht für die EU eine Konfrontation mit China und die Loslösung aus den entstandenen Abhängigkeiten so schwierig – und damit ihre Positionierung zwischen den beiden Großmächten.

Die Biden-Regierung erwartet ganz eindeutig, dass sich die EU einer kollektiven Anstrengung anschließt, westliche Demokratien zu verteidigen und die regelbasierte Weltordnung zu stärken, um die chinesische Herausforderung zu bewältigen. Für die meisten Europäerinnen und Europäer ist es keine Frage, dass sie sich normativ voll und ganz im politischen Westen sehen. Doch sitzt der Schock der Präsidentschaft Donald Trumps von 2017 bis 2021 sehr, sehr tief. Er hat uns gelehrt, dass auch der engste Alliierte, der für Europa seit Ende des Zweiten Weltkriegs Garant für Sicherheit, Prosperität und politische Stabilität war, sich abwenden und sich sogar gegen die Europäer stellen kann. Die schützende Hand der USA ist keine Selbstverständlichkeit mehr.

Seither ist klar, dass Europa eigenständiger handlungsfähig werden muss. Das steht keinesfalls im Widerspruch zu einem engen Schulterschluss mit der Biden-Regierung, zumal Europa die Allianz weiter braucht. Im Gegenteil: Eine stärkere EU ist den USA ein stärkerer Partner im Systemkonflikt und kann globale Gestaltungsaufgaben viel wirksamer mitübernehmen. Ein Beispiel dafür ist die Bekämpfung des Klimawandels, die nur in Zusammenarbeit zwischen den USA, China und Europa gelingen wird. Die EU könnte ihre Vorreiterrolle im Klimaschutz und ihre Beziehungen mit China nutzen, um gemeinsame Verhandlungen zwischen Washington, Peking und Brüssel vorzubereiten, etwa über die Einführung einer gemeinsamen CO_2-Abgabe auf Importe, die aufgrund der geballten Marktmacht der drei Regionen weltweite Effekte hätte.

Für die Europäische Union geht es ums Ganze – in einer Welt im Wandel und nach 15 Krisenjahren im Inneren. Nie waren die Spannungen und Fliehkräfte in der Gemeinschaft so stark, nie der äußere Druck auf die EU und ihre Mitgliedsstaaten so hoch. Europa ringt um seinen Zusammenhalt, um seine Souveränität und Selbstbehauptung. Rechtsstaatlichkeit und Demokratie stehen auch im Inneren auf dem Spiel: Einige Regierungen, wie die Ungarns und Polens, beschädigen sie im eigenen Land. Gleichzeitig intervenieren China und Russland massiv, um unser offenes Gesellschafts- und Wirtschaftsmodell ebenso zu zermürben wie unseren Zusammenhalt.

Diese innere Fragilität ist der Grund, warum die Folgen der Pandemie und des anhaltenden Wirtschaftseinbruchs, die 450 Millionen Europäerinnen und Europäer im Alltag erleben, so stark an Europas Widerstandskraft zehren. Die schleppende Bereitstellung von Masken, Tests und Impfstoffen hat an der Glaubwürdigkeit der EU und einiger nationaler Regierungen genagt. Wie und wie schnell Europa aus der Krise kommt, wird unsere Gesellschaften, unsere Wirtschaftskraft, unsere Sicherheit und auch Europas Rolle in der Post-Covid-Welt maßgeblich beeinflussen.

Umso bemerkenswerter ist es, dass die EU unter extremem Druck einen großen Erfolg hinbekommen hat: Bereits in den ersten Monaten der Pandemie stellte sie einen milliardenschweren Aufbaufonds und andere Hilfsmaßnahmen für Bevölkerung, Unternehmen und Regierungen bereit. Auch wenn diese von der breiten Öffentlichkeit weniger wahrgenommen werden als der Rückstand bei den Impfungen und die offensive chinesische Masken- und Impfstoffdiplomatie, war dies ein zukunftsweisender Schritt. Das 750-Milliarden-Euro-Paket aus Krediten und Transfers mit dem Namen Next-GenerationEU (NGEU) unterstützt nicht nur die wirtschaftliche Erholung der EU und stärkt ihren Zusammenhalt. Es macht die EU krisenfester und erleichtert den EU-Staaten die Bewältigung zweier herausfordernder Transformationsaufgaben, nämlich die EU umweltfreundlicher und digital wettbewerbsfähig zu machen.

Die dringendste und größte Aufgabe ist der Kampf gegen den Klimawandel und der Umgang mit den bereits bestehenden Klimafolgen und Umweltzerstörungen. Die Ökologisierung der europäischen Wirtschaft, unseres Energie- und Verkehrswesens und unserer Gesellschaft gelingt nur, wenn wir gemeinsam neue, viel umweltverträglichere Technologien entwickeln, wenn wir unsere Konsum- und Reisegewohnheiten maßgeblich umstellen und dabei die notwendigen Alltagsanpassungen großzügig sozial abfedern, die Ärmere viel stärker belasten als die Vermögenden.

Die rapide fortschreitende Digitalisierung sozial- und demokratieverträglich zu gestalten ist die zweite große Herausforderung. Die EU muss technologische Wettbewerbsfähigkeit und Handlungsautonomie zurückgewinnen, um unsere Wirtschaftskraft und unsere politische Unabhängigkeit zu erhalten. Im Wettbewerb mit technologischen Führungsmächten ringt sie darum, die Digitalisierung im Einklang mit politischen Sichtweisen und grundlegenden Rechtsnormen wie Datenschutz oder Bürgerrechten zu regulieren. Denn die internationalen Regeln, die den Umgang mit Technologie und Daten bestimmen, werden unsere Gesellschaften beeinflussen. Ganz offensichtlich steht Europa in dieser Hinsicht in einem fundamentalen Konflikt mit China, wo der Staat volle Zugriffrechte hat und die Bevölkerung keinen Schutz genießt. Doch auch zu den USA bestehen Widersprüche; so lässt Washington großen Tech-Konzernen beim Umgang mit Daten bislang mehr Spielraum als Brüssel. Eine wichtige Zukunftsfrage ist, ob wir eine Entkopplung der digitalen Räume erleben werden – und wenn ja, ob Europa dann mit den USA gemeinsame Sache macht oder die Welt in drei und mehr Sphären zerfällt.

Durch die Veränderungen, welche die Digitalisierung und die Klimaagenda mit sich bringen, und vor allem durch die Belastung der Pandemie sind in Teilen der Bevölkerung Angst und auch Wut aufgekommen. Die politische Polarisierung verschärft sich, populistische Kandidaten könnten in Zukunft noch mehr Unterstützung finden. In den USA kanalisierte Donald Trump den Frust breiter Bevölkerungsgruppen in seinen Wahlsieg. In China bietet das politische System zwar kaum Wahlalternativen und Proteste sind unterdrückt, doch auch hier entlädt sich gesellschaftlicher Druck, wenn einstweilen auch nur in Konflikten auf lokaler Ebene. In Europa artikulieren sich die Unzufriedenheit und das Gefühl der Entkopplung auf der Straße, wie zum Beispiel die Proteste der Gelbwesten in Frankreich gezeigt haben. Es zeigt sich in Wählervoten für EU-kritische Populisten etwa in Polen und Ungarn und ihrem Auftreten im Europäischen Parlament. Wachsende politische Polarisierung führt zu Reibungsverlusten, Unzufriedenheit und politischer Lähmung in einem so komplexen Entscheidungssystem wie dem der EU, wo die nationale und die europäische Ebene zusammenspielen und sehr viele Interessen und Perspektiven miteinander in Einklang gebracht werden müssen.

Überfordert dieses Zusammenspiel aus externem Druck und internen Herausforderungen Europa? Nicht unbedingt. Aber die EU steht vor ihrer letzten Chance. Wenn die politisch Verantwortlichen jetzt nicht die Weitsicht haben, die EU so zu stärken, dass sie im Inneren zusammenhält, könnte sie zerbrechen. Und selbst wenn dies nicht der Fall ist: Wenn sie sich im Inneren nicht besser aufstellt, wird sie im globalen Wettbewerb Schwierigkeiten haben, ihre Interessen und Werte zu schützen, denn kein Staat unseres Kontinents allein hat dafür die Kraft. Auch nicht Deutschland als größtes und wirtschaftlich stärkstes EU-Land.

Um die EU strategisch handlungsfähig zu machen, müssen sich die Mitgliedsstaaten über die Herausforderungen und Chancen, die sich global bieten, klar und einig werden. Die Einschätzungen von Risiken und richtigen Handlungsansätzen laufen von Land zu Land nach wie vor stark auseinander. Auch deshalb fällt es der EU so schwer, ihre Interessen klar zu formulieren und entsprechend zu handeln. So könnte sie es versäumen, das, was sie seit Ende des Zweiten Weltkriegs erreicht hat, zu retten und weiterzuentwickeln: einen sicheren Kontinent mit stabilen liberalen Demokratien und sozialen Marktwirtschaften, die im Mächtedreieck mit den USA und China ein besonderer Vorteil in der Bewältigung der beiden Transformationsaufgaben sein können. Eine Gemeinschaft, die über Jahrzehnte gemeinsam Politiken, einen Binnenmarkt mit gemeinsamer Währung und einen Raum der Freiheit, der Sicherheit und des Rechts entwickelt hat – und die damit einmalig ist in der Welt. So vielen dient sie als hoffnungsvolles Beispiel.

Um das nicht zu verspielen, müssen die Europäer noch entschiedener für ihre Interessen und – bei aller gebotenen Offenheit – für den Schutz ihres Modells eintreten. Dabei kommt es wieder einmal auf Deutschland und Frankreich an, auch wenn die deutsch-französische Zusammenarbeit längst nicht mehr ausreicht, die Gemeinschaft der 27 voranzubringen. Wenn sich die beiden größten Staaten auf gemeinsame Ziele einigen, besteht zumindest die Chance, dass sie die anderen Regierungen so mobilisieren und einbinden können, dass Kompromisse errungen werden können. Das hat die eine wichtige und erfolgreiche Großinitiative der beiden Regierungen in der Covid-19-Krise gezeigt: der europäische Wiederaufbaufonds. Auch für die Zukunft wird weiterhin wichtig sein, dass sich Frankreich und Deutschland nicht im innereuropäischen Kleinkrieg verlieren, zum Beispiel mit einzelnen Blockierern wie Ungarn, mit Verhinderungskoalitionen wie den Visegradstaaten oder auch mit einer Gruppe nordischer Staaten, die den Wiederaufbaufonds so nicht wollten. Gelingt kein Kompromiss, muss Fortschritt auch in Teilgruppen möglich sein, sonst gerät die EU ins Hintertreffen.

Das deutsch-französische Verhältnis erfordert in den kommenden Jahren großes politisches Engagement. Beunruhigend ist, dass trotz der so engen Zusammenarbeit auf beiden Seiten immer wieder tiefes Misstrauen aufflackert. In der Covid-19-Krise haben Grenzschließungen und mangelnde Koordination im Krisenmanagement für zusätzliche Spannung und Unverständnis gesorgt. Der gesellschaftliche Austausch – von Jugend, Bildung, Kultur über Städtepartnerschaften – kam zum Erliegen, das Interesse, die Sprache des jeweils anderen zu lernen, sinkt bei der Jugend seit Jahren immer weiter. In einer Zeit, in der die Erfahrung des Zweiten Weltkriegs die allergrößten Teile der beiden Gesellschaften nicht mehr direkt prägt, besteht die Gefahr, dass die über Jahrzehnte erarbeitete gesellschaftliche Grundlage der engen politischen Partnerschaft kaum bemerkt erodiert. Die inhaltlichen und kulturellen Differenzen zwischen Berlin und Paris sind wohlbekannt, ein konstruktiver Umgang damit wird immer wieder erarbeitet werden müssen, besonders nach den Wahlen in Deutschland und Frankreich in den Jahren 2021 und 2022. Wie sich die beiden politischen Führungen in Europa und international positionieren, wird die Zukunft unseres Kontinents maßgeblich mitbestimmen. Ob in Zeiten politischer Richtungsentscheidungen in den beiden größten EU-Staaten die Weiterentwicklung der EU von Politik und Gesellschaft überhaupt als wichtig und dringlich gesehen wird, ist keine ausgemachte Sache. Das sollte sie aber, denn die EU muss sich an die Welt im Wandel anpassen.

Noch hat Europa die Chance, im globalen Wandel nicht zum Spielball zu werden, sondern mitzugestalten. Es kann seine außen- und sicherheitspolitische Rolle deutlich ausbauen, es kann seinen eklatanten technologischen Rückstand zumindest in einigen Bereichen aufholen, es kann seine Marktmacht noch stärker einsetzen, um global Standards mitzudefinieren, die unserem Wirtschafts- und Demokratiemodell entsprechen – sei es im Bereich der Künstlichen Intelligenz oder des Datenschutzes. Es kann die transatlantischen Beziehungen in beiderseitigem Interesse mitgestalten und bei zukunftsentscheidenden Themen international Führung übernehmen, etwa beim Kampf gegen den Klimawandel. Es kann – und es muss!

Deshalb gibt es zwei Prioritäten für unseren Kontinent. Erstens: die Europäische Union intern so weit wie möglich zusammenführen, modernisieren und stärken, denn nur größere Resilienz, Wettbewerbs- und Handlungsfähigkeit können sicherstellen, dass wir uns als Demokratien mit offenen Gesellschaften behaupten können. Als ganz eigener Zusammenschluss westlich-liberaler Demokratien, der es über sechs Jahrzehnte geschafft hat, Frieden, Freiheit und Wohlstand zu sichern, und eine erfolgreiche integrierte Wirtschaft hat, die heute gewiss nicht umsonst der wichtigste Exportmarkt für die USA, Russland oder China ist, muss die EU zweitens ihre internationale Rolle ausbauen. Es ist höchste Zeit, dass wir eine ambitionierte globale Agenda mit gleichgesinnten Partnern in Europa und der Welt definieren, etwa in den Bereichen Klima und Nachhaltigkeit, Gesundheit, Wirtschaft und Finanzen und den jeweiligen Ordnungsstrukturen, die eine kooperativere Welt und friedliche Konfliktlösung unterstützen. Und wir müssen unseren Teil dazu beitragen, dass diese Agenda kein Papiertiger bleibt, sondern wirklich umgesetzt wird. Dafür ist es jetzt nicht zu spät. Noch nicht.

1
EUROPA IN DER
POST-COVID-WELT

Die Weltordnung im Umbruch

Amerika ist zurück! So lauteten weltweit die Schlagzeilen, nachdem US-Präsident Joe Biden am 19. Februar 2021 als virtueller Gast bei der Münchner Sicherheitskonferenz einen Neubeginn der transatlantischen Beziehungen beschworen hatte. »Wir schauen nicht nach hinten«, zog er rhetorisch einen Schlussstrich unter die Präsidentschaft seines Amtsvorgängers. Doch dann knüpfte er in einem zentralen Punkt an Donald Trump an: die Bedeutung, die er der Großmachtrivalität mit China einräumt, und die Erwartungen, die er dabei an Europa formuliert. »Wir müssen uns gemeinsam auf die langfristige strategische Konkurrenz mit China einstellen«, schwor Biden seine Zuhörer ein. »Und der Wettbewerb mit China wird hart.«

Der Machtkampf zwischen der aufsteigenden autoritären Großmacht China und der herausgeforderten Demokratie USA strukturiert heute maßgeblich die internationalen Beziehungen. Seit mehr als drei Jahrzehnten verlagert sich wirtschaftliches, militärisches und demografisches Gewicht vom Westen nach Asien. Neu ist allerdings, dass der Konflikt zwischen China und den USA zu einem harten systemischen Wettbewerb geworden ist. China ist zur Digital-Autokratie geworden, die weltweit ihren Einfluss ausdehnt. Washington will verhindern, dass China weltweit Vorherrschaft erlangt und Demokratie und Menschenrechte und die regelbasierte internationale Ordnung untergräbt. Und dabei will Joe Biden Europa an seiner Seite haben.

Bei der Auseinandersetzung zwischen China und den USA geht es um die Zukunft der internationalen Ordnung, die unter amerikanischer Vorherrschaft in der zweiten Hälfte des 20. Jahrhunderts aufgebaut wurde und die Werte wie Menschenrechte, Rechtsstaatlichkeit, Individualismus und Toleranz schützen und den Rahmen für eine wirtschaftliche Öffnung setzen soll. Heute ist die Frage, ob dieses umstrittene System so weiterentwickelt werden kann, dass es Bestand hat. Ob darauf aufbauend Wege gefunden werden, um drängende transnationale Probleme wie den Klimawandel, Pandemien und andere grenzüberschreitenden Risiken einzudämmen beziehungsweise mit ihren Folgen umzugehen. Es geht um die Frage, ob die digitale Revolution, die sich noch beschleunigen wird, kompatibel mit unserem demokratischen Modell gestaltet wird. Und es geht darum, ob autoritäre Staaten wie China, Russland, Türkei oder Iran ihren Einfluss immer weiter ausdehnen und andere Staaten – bis in direkter Nachbarschaft der EU – unter ihre Kontrolle bringen.

Gewichtsverschiebung Richtung Asien

Seit den 1990er Jahren verschieben sich die Gewichte vom geografischen Westen in Richtung Asien. Die Covid-19-Krise hat die Aufholjagd Chinas beschleunigt, denn dort wurde die Pandemie vergleichsweise schnell eingedämmt. Seit Jahrzehnten sinkt der Anteil der 27 EU-Staaten und der USA an der weltweiten Wirtschaftskraft Jahr für Jahr. 1970 lag er nach Angaben der Weltbank noch bei über 60 Prozent, 2021 bei nur noch gut 40 Prozent. Je länger Europa braucht, um sich von der Pandemie wieder zu erholen, desto stärker wird die wirtschaftliche Entwicklung auseinanderfallen. Eine weiterhin schleppende Wirtschaft hat Auswirkungen auf die Innovationskraft und Wettbewerbsfähigkeit der europäischen Unternehmen, wenn diese weniger in Forschung und Entwicklung investieren können. Es könnte weniger Unternehmensneugründungen geben und erfolgreiche Start-ups könnten abwandern – in dynamischere Märkte mit einer interessanteren Risikokapitalszene, wie die USA sie haben. Insofern könnte die Covid-19-Krise dazu beitragen, dass Europas wirtschaftliche Machtbasis noch schneller erodiert.

Innovationskraft und technologischer Vorsprung sind nicht nur die Grundlage für wirtschaftliche Wettbewerbsfähigkeit, sondern auch für sicherheits- und verteidigungspolitische Stärke. Längst ist ein Wettlauf um die Kontrolle neuer Schlüsseltechnologien im zivilen wie im militärischen Bereich in vollem Gange, etwa bei Künstlicher Intelligenz, Cloud Computing, Quanteninternet und 5G. Ähnliches gilt im Energiesektor: Bei den immer wichtiger werdenden kohlenstoffarmen Technologien hat Chinas Streben nach Marktführerschaft, etwa bei der Batteriezellenherstellung oder intelligenten Stromnetzen, neben der wirtschaftlichen eine eminent politische Komponente. Investitionen in Energieinfrastruktur sind eines der Mittel, mit denen China seine Macht immer weiter ausdehnt. Denn mit der Bereitstellung kritischer Infrastruktur wächst das politische Einflusspotenzial, da Peking mit Versorgungsunterbrechung drohen oder je nach Vertragslage auch über den Preis Druck auf die betroffenen Staaten aufbauen kann.

Chinas militärische Aufholjagd lässt sich bislang nur ansatzweise durchschauen. Die deklarierten Militärausgaben sind nach denen der USA die zweithöchsten der Welt. In den vergangenen zehn Jahren sind sie immer stärker gewachsen als das chinesische Bruttoinlandsprodukt. 2020 lag der Militäretat nach Schätzung des Stockholmer Friedensforschungsinstituts SIPRI vom April 2021 bei 252 Milliarden US-Dollar. Anders als in westlichen Ländern ist allerdings nicht annähernd transparent, wie viel Geld Peking tatsächlich in die Verteidigung steckt. Welchem Zweck technologie- und wirtschaftspolitische Maßnahmen im Zusammenspiel mit der Verteidigungs- und Rüstungspolitik genau dienen, ist aufgrund einer langfristig angelegten Strategie, die in Teilen zu einer Verschmelzung des militärischen und des zivilen Bereichs führen wird, schwer auszumachen. Es ist aber davon auszugehen, dass wesentlich mehr Geld in das Militär fließt als in den offiziellen Zahlen angegeben, um das chinesische Militär, vor allem die Marine, rasch zu modernisieren. China ist längst auf dem Weg zu einer Hightech-Seemacht.

Auch in demografischer Hinsicht verliert die transatlantische Gemeinschaft im weltweiten Vergleich an Gewicht. Das ist aus europäischer Perspektive besonders problematisch, denn im globalen Wettbewerb ist heute eine der wichtigsten Stärken der EU ihr großer geeinter Markt. Dessen 450 Millionen Konsumenten sind zahlenmäßig deutlich mehr als die 328 Millionen Amerikaner, und sie sind finanzstärker als die chinesischen Konsumenten. Deren Pro-Kopf-Einkommen ist im Schnitt so gering, dass China immer noch als Entwicklungsland gilt, obwohl es in vielen Zukunftstechnologien längst zur Weltspitze gehört. Schrumpft der europäische Markt, weil es immer weniger Konsumenten gibt oder deren Kaufkraft sinkt, verliert die EU etwa in der Handelspolitik oder bei der Standardsetzung und Regulierung an Verhandlungskraft, um ihre wirtschaftlichen Interessen und Prinzipien wie Verbraucher- und Umweltschutz durchzusetzen. Zwar wurde das chinesische Bevölkerungswachstum durch die Ein-Kind-Politik phasenweise gebremst und die Bevölkerung altert schnell – ein Problem, das insbesondere die USA nicht in dem Maße haben. Doch entfallen auf Europa und die USA gemeinsam heute nur noch ein Zehntel der Weltbevölkerung, auch weil Indien, andere asiatische Staaten und Afrika ein enormes Bevölkerungswachstum verzeichnen. 1970 waren es immerhin noch 16 Prozent, während die militärische und die wirtschaftliche Stärke im Vergleich zum Bevölkerungsanteil weit überproportional entwickelt waren. Heute ist klar, dass Europa und die USA in allen Bereichen im weltweiten Vergleich anteilsmäßig an Gewicht verlieren.

Globale Risiken und neue Bedrohungen

Nicht nur der relative Gewichtsverlust der EU in wirtschaftlicher, verteidigungspolitischer und demografischer Hinsicht verändert Schritt für Schritt die Art, wie die Europäer internationale Chancen und Bedrohungen wahrnehmen. Neue Sicherheitsrisiken und die Instabilitäten in Europas Nachbarschaft geben Grund genug, sich ernsthaft mit der eigenen Sicherheitslage zu befassen.

Doch immer wieder überrascht, dass die europäische Bevölkerung vergleichsweise wenig besorgt ist. Die europäische Einigung ist ein Friedensprojekt – ein seit über sechs Jahrzehnten erfolgreiches. Die Abwesenheit von Krieg in den Grenzen der EU und das trotz diverser Wirtschaftskrisen vergleichsweise stabile Wohlstandsniveau haben dazu geführt, dass die Europäer sich sicher fühlen. Das ist ein großer Erfolg der Integration. In einigen Staaten, und dazu gehört Deutschland, ist das Sicherheitsempfinden in der Bevölkerung allerdings so groß, dass neue Bedrohungen kaum noch realistisch wahrgenommen werden. Sicherheits- und Verteidigungspolitiker machen sich daher Gedanken, wie sie – ohne Panik zu verbreiten – die sich schnell wandelnden Bedrohungen ins Blickfeld rücken. Denn die Politik braucht gesellschaftlichen Rückhalt dafür, wenn sie mehr Geld für Sicherheit und die Stärkung der Widerstandskraft etwa der Infrastruktur, der Wirtschaft und der Gesellschaft ausgeben will. Diesen braucht sie auch, wenn in hochsensiblen Bereichen wie Sicherheit und Verteidigung die Zusammenarbeit mit den EU-Partnern gestärkt wird.

Und das sollte sie! Denn die Sicherheitslage hat sich im Vergleich zu den 1990er Jahren, als nach dem Ende des Ost-West-Konflikts eine Phase der Stabilität anbrach und der westliche kooperative Ansatz auf dem Vormarsch zu sein schien, geändert. Das gilt für den klassischen Verteidigungsbereich ebenso wie für die Abwehr von hybriden Bedrohungen oder auch für die Verhinderung weiterer extremistisch motivierter Terrorattacken, die in der EU in den vergangenen Jahren Hunderte von Menschenleben gefordert haben. In seiner unmittelbaren und weiteren Nachbarschaft muss Europa mit anhaltender Instabilität rechnen, im kommenden Jahrzehnt dürften die davon ausgehenden Gefahren sogar noch wachsen. Regionale Mächte wie die Türkei oder Russland werden weiterhin versuchen, ihren Einfluss und ihre Machtbasis auszubauen, auch durch das Ausnutzen von Instabilitäten und Konflikten, wie das Beispiel Syriens gezeigt hat. Terroristische Gruppen werden in Zonen der Instabilität, wie etwa Afghanistan nach dem Truppenabzug der Amerikaner und Europäer, ihre Netzwerke und Fähigkeiten ausbauen – Terrorismus bleibt ein ernst zu nehmendes Sicherheitsrisiko für die EU. Und in Zukunft wird der Migrationsdruck eher noch größer werden, unter anderem wegen der Instabilität im Nahen Osten und in Afrika – und weil der Klimawandel und daraus resultierend die Knappheit von Wasser und Nahrungsmitteln Menschen aus ihrer Heimat vertreiben.

Hybride Angriffe werden zunehmend zu einer relevanten Bedrohung unserer Sicherheit. Sie kombinieren wirtschaftlichen Druck, Computerangriffe, das gezielte Steuern von Diskussionen in sozialen Netzwerken bis hin zur Manipulation von Informationen in den Medien. Ihr Ziel ist es, Verwirrung zu stiften, Gesellschaften zu destabilisieren und die öffentliche Meinung zu beeinflussen. Sie liegen unterhalb der Schwelle eines offiziellen Kriegs und werden deshalb oft in ihrer Wirkung unterschätzt. Offene, pluralistische und demokratische Gesellschaften bieten für hybride Attacken viele Schlupflöcher und sind somit leicht verwundbar.

In den vergangenen Jahren sind europäische Institutionen, Regierungen, Parlamente, Unternehmen und zivilgesellschaftliche Organisationen immer wieder und immer häufiger Opfer von Cyberattacken geworden, wie die regelmäßig aktualisierte Übersicht über Cyberangriffe auf signifikante Einrichtungen des Center for Strategic and International Studies (CSIS) in Washington zeigt. So fanden 2020 vermehrt Angriffe in Zusammenhang mit der Impfstoffentwicklung statt, etwa auf die Europäische Medizinagentur, auf einzelne Regierungen und auch Unternehmen. Es gab sowohl Spionage- als auch Sabotageversuche. Zudem nehmen die Angriffe auf kritische Infrastruktur zu. Sind sie erfolgreich, kann dies dramatische Folgen für die öffentliche Sicherheit oder die nachhaltige Versorgung haben.

Um die Gemeinschaft in Zukunft besser vor digitalen Sicherheitslücken und Cyberangriffen zu schützen, wurde die zuständige EU-Cybersicherheitsagentur ENISA bereits 2019 finanziell und personell gestärkt. Derartige Investitionen sind wichtig, und trotzdem können wir aufgrund der Vielfältigkeit und Komplexität der Bedrohungen heute nicht mehr davon ausgehen, dass die Gesellschaft, die Wirtschaft und die öffentliche Infrastruktur überhaupt umfassend geschützt werden können. Die durch die Pandemie vorangetriebene Digitalisierung unserer Arbeitswelt schafft übrigens, bei allen anderen Vorteilen, zahlreiche neue Angriffsflächen.

Heute geht es nicht mehr nur darum, Bedrohungen vorauszusehen und sie abzuwehren. Neben diese Aufgaben muss das Ziel treten, die Resilienz von Infrastruktur, Wirtschaft und Gesellschaft zu steigern, also sicherzustellen, dass sich ein System, eine Organisation oder auch einzelne Menschen möglichst rasch von Schocks und Störungen erholen und wieder in einen funktionsfähigen Zustand kommen statt zusammenzubrechen. Heute ist Unsicherheit zur Norm geworden, mit Störungen und Katastrophen muss gerechnet werden. Wie stark die Wirkung von Cyberangriffen sein kann, zeigte die Hackerattacke im Frühjahr 2021 auf die Colonial Pipeline in den USA, durch die rund 45 Prozent des an der Ostküste verbrauchten Kraftstoffs fließen. Der Betrieb musste nach dem Angriff zeitweilig eingestellt werden, und in Teilen des Landes kam es zu Benzinengpässen. In der Hauptstadt Washington hatten zeitweilig 88 Prozent der Tankstellen keinen Treibstoff mehr.

Für das Selbstverständnis des Staates hat das komplexe und volatile Bedrohungsumfeld weitreichende Folgen. Die staatliche Macht muss einräumen, dass sie Gefahren nur noch bedingt abwehren und ihre Schutzfunktion nicht mehr so umfassend erfüllen kann wie früher. Hybride Angriffe kann der Staat ohnehin nicht allein bewältigen. Er muss sich darauf verlassen können, dass die Wirtschaft mitzieht. Unternehmen müssen daran mitwirken, wieder funktionierende Infrastruktur herzustellen, sei es im Bereich der Energie- oder Wasserversorgung oder im Transport- oder Gesundheitssystem. Wichtig ist eine robuste Gesellschaft, die sich nach Angriffen rasch erholt und zur Normalität zurückfindet, statt ihre Angst in Aggression etwa gegen demokratisch gewählte Entscheidungsträger oder das System an sich zu wenden. Damit bekommt die Idee der Vorsorge eine andere Konnotation: Gesellschaftliche Resilienz als Ziel rückt viel stärker in den Vordergrund. Es wird deutlich, wie sehr die äußeren und inneren Dimensionen in der Antizipation und Bewältigung von Sicherheitsrisiken heute Hand in Hand gehen müssen.

Angesichts der sich rasch verändernden Sicherheitslage hat die Europäische Union 2020 damit begonnen, die erste umfassende europäische Bedrohungsanalyse mithilfe von Beiträgen aus allen Mitgliedsstaaten zusammenzustellen. Dieses neue sicherheitspolitische Grundlagendokument, der »Strategische Kompass«, soll der außen- und verteidigungspolitischen Diskussion unter den Regierungen einen kohärenten und viele Facetten umfassenden Rahmen liefern. Denn trotz der engen Zusammenarbeit und Verflechtung der Mitgliedsstaaten gab es bislang kein gemeinsames Bild der Bedrohungen. Die jeweilige geografische Lage, die akuten Erfahrungen der vergangenen Jahre, aber auch die Geschichte der Staaten beeinflussen stark, welche Herausforderungen sie wahrnehmen: So steht im Baltikum und in Polen Russland als militärische und hybride Bedrohung ganz oben auf der Liste. In Frankreich, Belgien und Spanien haben schreckliche Terroranschläge den Blick auf die Entwicklung islamistischer Netzwerke und die Situation in Afrika und im Nahen und Mittleren Osten gelenkt.

Angesichts dieser Perspektivunterschiede ist ein permanenter innereuropäischer Dialog über Bedrohungen und ihre Abwehr nötig. Nur dann gibt es ein gemeinsames Verständnis der Handlungsoptionen, wenn die EU in einem akuten Fall entscheiden muss, wie sie sich verhält. Bislang fanden Bedrohungsanalysen und strategische Diskussion vor allem in nationalen Rahmen und im Verteidigungsbündnis NATO statt. Innerhalb der EU muss durch eine gemeinsame strategische Lageanalyse zunächst noch die Grundlage für eine höhere operative Effektivität der zivilen und militärischen Fähigkeiten gelegt werden. Dabei sollte ressortübergreifend gearbeitet werden: Weil sich der Druck auf die EU derzeit vor allem aus hybriden Bedrohungen und der Gefahr des Terrorismus auf europäischem Territorium ergibt, sind neben den Verteidigungsministerien zunehmend die Innenministerien für die Sicherheit zuständig. Aber auch Politikfelder wie Wirtschaft und Finanzen sind relevant in einer Welt, in der sich neue und alte Sicherheitsrisiken mit wirtschaftlicher Rivalität und geoökonomischer Konfliktaustragung vermischen.

Die neue geoökonomische Welt

Die Wirtschaftskraft war immer schon ein entscheidender Machtfaktor im internationalen System. Kombiniert mit verfügbaren Staatsfinanzen liefert sie die materielle Basis für den Aufbau militärischer Kapazitäten und eine einflussreiche Außen- und Entwicklungspolitik. Doch das ist heute nicht mehr der entscheidende Faktor. Das Verhältnis von wirtschaftlicher Kraft und staatlicher Macht und Einfluss im internationalen System hat sich grundlegend gewandelt.

Wir leben heute in einer geoökonomischen Welt, in der Konflikte maßgeblich durch den Einsatz wirtschaftlicher und finanzieller Druckinstrumente ausgetragen werden. Dies hat Europa der Machtwettbewerb mit China, aber auch die US-Präsidentschaft von Donald Trump vor Augen geführt. Die 2017 überarbeitete US-amerikanische Nationale Sicherheitsstrategie setzt wirtschaftliche Sicherheit mit nationaler Sicherheit gleich und macht sie damit explizit zum Bestandteil von Außenpolitik. China handelt längst nach dieser Logik.

Im Vergleich zur eher statischen, auf Räume fixierten Geopolitik des Kalten Krieges ist die geoökonomische Auseinandersetzung zwischen den USA, China, Europa und anderen Weltregionen viel dynamischer. Im Zentrum steht die Sicherung von Einfluss außerhalb des eigenen Territoriums und die Festigung der eigenen Machtposition mithilfe geoökonomischer Instrumente. Staaten versuchen seit einigen Jahren verstärkt, Finanz-, Industriegüter-, Energie- und andere Ressourcenströme zu kontrollieren und zu beeinflussen. China ist das beste Bespiel für einen geoökonomisch agierenden Staat, der Investitionen, Technologieexporte, Abhängigkeiten durch die Bereitstellung von Energie- und anderen Infrastrukturen ebenso für seine globale Machtausdehnung nutzt wie klassische militärische Instrumente, die derzeit vor allem im Südchinesischen Meer eingesetzt werden. Neu ist die besondere Rolle, die bereits jetzt, aber noch mehr in Zukunft der Kontrolle von Datenströmen zukommt.

Die Verflechtung wirtschaftlicher, technologischer und sicherheitsrelevanter Dimensionen und ihr gezielter Einsatz zur Machtausdehnung hat so manche außen- und außenwirtschaftspolitische

Handlungslogik auf den Kopf gestellt. So wurde beispielsweise die betriebswirtschaftlich getriebene globale Ausdehnung von Wertschöpfungsketten früher als Entwicklungschance für schwächere Staaten mit niedrigerem Preisniveau gesehen und entsprechend politisch gefördert. Die Logik war folgende: Wenn Komponenten dort produziert werden, wo es am kostengünstigsten ist, nützt dies den produzierenden Unternehmen, dem Standort, an dem dies geschieht – und den Verbrauchern in den Abnehmerländern.

Der zunehmend politisch-strategische Einsatz ausländischer Direktinvestitionen – also eine auf längere Frist angelegte Beteiligung an Unternehmen im Ausland – insbesondere durch China hat das Bild jedoch verändert. Gegenseitige Abhängigkeiten galten lange Zeit als stabilisierender Faktor im internationalen System und als vorteilhaft für globale Wertschöpfungsketten, weil sie es Unternehmen ermöglichen, Produktion länderübergreifend zu organisieren und zu verbinden. Heute gelten sie als Unsicherheitsfaktor. Handels- und Investitionsverflechtungen und die immer länger gewordenen globalen Wertschöpfungsketten haben die (außen-)wirtschaftliche Verwundbarkeit und Erpressbarkeit vieler Staaten deutlich erhöht. Dies betrifft schwächere Ökonomien von Entwicklungsländern ebenso wie hoch entwickelte, offene Volkswirtschaften. Deutschland und die Niederlande sind Beispiele dafür, wie externe wirtschaftliche Verflechtungen und Abhängigkeiten auch bei hoch entwickelten Staaten außenpolitische Handlungsspielräume einschränken. So hat zum Beispiel die deutsche Politik gegenüber China über Jahre versucht, eine vorsichtige Balance zwischen Annäherung und Abgrenzung zu finden. Immer engere Wirtschaftsbeziehungen haben zu einer starken Abhängigkeit der deutschen Automobilindustrie vom Zugang zu chinesischen Märkten geführt, die gleichzeitige Kritik an Chinas Menschenrechtsverletzungen wurde indes nur hinter verschlossenen Türen vorgebracht. Dies ist kein Einzelphänomen: Europäische Staaten mit starker wirtschaftlicher Verbindung zu China waren in den vergangenen Jahren tendenziell viel weniger konfrontativ als die USA, so haben Griechenland und Ungarn gemeinsame EU-Positionen verhindert.

Heute stellt die Diskussion um die sicherheitspolitischen Implikationen von Direktinvestitionen und globalen Wertschöpfungsketten die Debatte um die sozialen Auswirkungen der Globalisierung zunehmend in den Schatten – Geopolitik dominiert heute traditionelle entwicklungspolitische Überlegungen. Die Europäische Union und ihre Regierungen müssen sich dabei zu Recht fragen lassen, wieso es über Jahre seitens der Europäer keine ähnlich strategisch aufgestellte Investitionspolitik gab, die eine Alternative zu chinesischen Geldern geboten hätte. Das hätte den Einfluss der EU in Afrika, aber auch in ihrer direkten Nachbarschaft, auf dem Westbalkan und in Zentralasien deutlich gestärkt und China bei Weitem nicht so viel Raum gelassen, sein Netz der Abhängigkeiten und Einflussnahme auszuwerfen. Der Preis für die Europäer, Einfluss zurückzugewinnen in Regionen, in denen sich China längst in die Wirtschaftssysteme, Gesellschaften und Strukturen der Öffentlichkeit eingekauft hat, ist heute deutlich höher, als er früher gewesen wäre, als China dort kaum Präsenz hatte. Dennoch sollte er gezahlt werden.

Großmächtekonkurrenz und Systemwettbewerb

Chinas Aufstieg und seine globale Machtausdehnung ist die bedeutendste geopolitische Entwicklung des 21. Jahrhunderts. Zurzeit stellt China in erster Linie eine wirtschaftliche und politische Herausforderung dar: Westliche Werte und die Interessen der europäischen Staaten sind in Bedrängnis. Da China aber weiter an militärischer Kraft gewinnt, wird sich die Bedrohungslage zuspitzen, was nicht nur für Asien, sondern auch aus europäischer und amerikanischer Sicht ein hohes Risiko darstellt. In den vergangenen Jahren schon ist die chinesische Politik deutlich aggressiver geworden, als dies früher der Fall war: Im Himalaya geriet China 2020 mit Indien militärisch aneinander. Es nahm Hongkong nach einem brutalen Durchgriff gegen Protestierende und Journalisten seine vertraglich garantierten Selbstbestimmungsrechte. Im Südchinesischen Meer, wo Streitigkeiten mit anderen Anrainerstaaten über Meeresgebiete an der Tagesordnung sind, zeigt die Marine ihre rasant wachsende Stärke: Immer wieder kreuzen vor Taiwan Kriegsschiffe, darunter auch ein chinesischer Flugzeugträger. In Reaktion darauf verlegten die USA, die einige Alliierte wie das demokratisch regierte Taiwan in der Region haben, ihrerseits einen Flugzeugträger dorthin, Großbritannien zog nach. Das Risiko eines militärischen Konflikts zwischen China und den USA und seinen Alliierten ist gewachsen.

Auch geoökonomischen Druck übt China zunehmend aus. Als der britische Premierminister Boris Johnson den chinesischen Telekomanbieter Huawei auf amerikanisches Drängen hin aus dem Bau von 5G-Netzwerken ausschloss, drohte Peking London, dass Großbritannien kein vertrauenswürdiger Investitionsstandort mehr sei.

Trump hatte seinerseits Johnson unmissverständlich klargemacht, dass im Falle einer Huawei-Präsenz im 5G-Netzwerk aus Sicherheitsgründen weder weitere US-Investitionen noch eine Fortsetzung der geheimdienstlichen Zusammenarbeit mit Großbritannien möglich seien. Zudem musste die britische Regierung mit US-Sanktionen rechnen. Das mit China wirtschaftlich eng verflochtene Australien bekam dessen Druck besonders zu spüren. Peking erhob massive Einfuhrzölle, nachdem die Regierung in Canberra die chinesische Corona-Politik kritisiert hatte. Auch in China tätige Unternehmen bekommen repressive Maßnahmen oder Drohungen zu spüren, so etwa Sportartikel- und Modehersteller wie Adidas, Puma, H&M und Hugo Boss. Sie hatten 2020 angekündigt, keine Baumwolle mehr zu verwenden, die nach Einschätzung der Vereinten Nationen von der unterdrückten muslimischen Minderheit in der Provinz Xinjiang, den Uiguren, unter Zwangsarbeit geerntet wurde. Als die EU Sanktionen gegen China wegen der Menschenrechtsverletzungen in Xinjiang verhängte, blieben die Geschäfte nach Boykottaufrufen leer, die Produkte der Hersteller verschwanden von den Online-Shoppingportalen. Peking legte derweil noch einen drauf und verhängte Einreiseverbote für europäische Politiker sowie europäische China-Wissenschaftler und ganze Institute, denen Peking vorwarf, sie hätten China unbotmäßig kritisiert.

Der chinesische Parteienstaat, mit dem Europa und die USA heute zu tun haben, erinnert immer weniger an den, mit dem beide in den vergangenen vier Jahrzehnten partnerschaftlich zusammengearbeitet haben. Die Kommunistische Partei Chinas ist wesentlich konfrontativer und unnachgiebiger geworden. Im Inneren regiert sie mit zunehmend harter Hand, international tritt sie fordernd und aggressiv auf. Sie setzt im Ausland verstärkt Propaganda ein, verfolgt eisern und mitunter unfair ihre wirtschaftlichen Interessen und stellt demonstrativ ihr modernisiertes Militär zur Schau.

Dabei geht die politische Führung ganz nach Plan vor – und hat diesen der Welt auch nach und nach offengelegt. Ein strategisches Herzstück der globalen Machtexpansion von Staatspräsident Xi Jinping ist die Industrie- und Technologiestrategie »Made in China 2025« von 2015. Sie sieht über eine Dekade drei Stufen für die industrielle und technologische Entwicklung Chinas vor. Lange wurde unterschätzt, wie gezielt China die Strategie umsetzt. Bis 2049, zum hundertjährigen Bestehen der Volksrepublik, soll China als führende Industrienation an der Weltspitze stehen. Kombiniert mit dem »China Brain Projekt 2030«, das menschenähnliche höhere KI fördert, und der »China Standards 2035«-Strategie, mithilfe deren China weltweite Industrienormen setzen will, verbindet Peking den Aufbau von Innovationskraft und Wettbewerbsfähigkeit mit dem Anspruch globaler Normensetzung, womit es Europa und die USA Schritt für Schritt verdrängen will.

China auf Expansionskurs:
Belt-and-Road-Initiative und 17+1

Wie Xi Jinping die globale Expansions- und Dominanzstrategie umsetzt, illustrieren zwei Initiativen: das Format 17+1 und die Belt-and-Road-Initiative (BRI). Zur Entwicklung seiner geoökonomischen Macht baut China seit gut zehn Jahren durch eine gezielt orchestrierte Mischung aus Investitionen, Rohstoff- und Handelsabkommen sowie großen Infrastrukturprojekten wirtschaftliche Abhängigkeiten auf, die es politisch nutzt. In Europa und Zentralasien, in Afrika, Asien und Lateinamerika hat es so seine Machtbasis deutlich ausgedehnt. Flankiert wird die wirtschaftliche Expansionsstrategie von diplomatischen Bemühungen, Druck und Intervention in innere Angelegenheiten von Staaten.

Früh dachte sich Peking das Format 16+1 aus, um mittel- und osteuropäische und südeuropäische Staaten mit der chinesischen Führung zusammenzubringen und besonders zu hofieren. Zu dem Kooperationsforum gehörten zunächst die fünf Balkan-Staaten Albanien, Bosnien und Herzegowina, Nordmazedonien, Montenegro und Serbien sowie elf EU-Mitgliedsstaaten (Bulgarien, Estland, Kroatien, Lettland, Litauen, Polen, Rumänien, Slowakei, Slowenien,

Tschechien, Ungarn). Heute ist es ein 17+1 Format, denn 2019 kam Griechenland dazu, nachdem China kräftig im Land investiert hatte. Seit 2012 trifft sich der chinesische Ministerpräsident jährlich mit der politischen Führung der 17 Staaten, auch um Projekte im Rahmen der Belt-and-Road-Initiative zu besprechen. Seit 2013 werden unter dieser Überschrift Projekte gebündelt, mit denen China unter Staatspräsident Xi Jinping interkontinentale Handels- und Infrastrukturnetze mit über 60 Ländern in Afrika, Asien und Europa auf- und ausbaut. Die Pupin-Brücke über die Donau in Belgrad, eine Autobahn in Montenegro, ein Hafen in Athen und eine Bahntrasse in Ungarn – Chinas Einfluss durch Investitionen, Joint Ventures und Kreditvergaben in Mittel- und Osteuropa und auf dem Westbalkan hat deutlich zugenommen.

Die Treffen des 17+1-Formats waren insbesondere den kleineren EU-Staaten sehr willkommen, boten sie ihnen doch direkten Zugang zur chinesischen Führung, den sie individuell nicht bekamen. Doch je angespannter das Verhältnis mit China wird, desto unangenehmer scheint den beteiligten EU-Staaten ihre Teilnahme an diesem Format zu werden. Im Februar 2021 kam es zum diplomatischen Eklat, als sechs der zwölf EU-Mitglieder mitteilten, dass sie angesichts des Streits und der gegenseitigen Sanktionen im Kontext der Menschenrechtsverletzungen an den Uiguren und dem chinesischen Übergriff auf Hongkong am 17+1-Format nicht mit ihren Regierungschefs teilnehmen würden, sondern nur auf Ministerebene. Xi kam mit umso attraktiveren Angeboten ins Gespräch: Die Agrarexporte aus den teilnehmenden Ländern nach China wolle er binnen fünf Jahren verdoppeln und die Zollprozeduren deutlich vereinfachen. Während Brüssel noch mit der Beschaffung von Impfstoffen kämpfte, bot er neben Ungarn und Serbien, die bereits Verträge aushandelten, auch allen anderen Teilnehmern des 17+1-Formats an, binnen kürzester Zeit chinesische Impfstoffe zu liefern. Angesichts derart gezielter Angebote durch die chinesische Führung wertet die EU das 17+1-Format eindeutig als Spaltungsversuch. Deutschland hatte während seiner EU-Ratspräsidentschaft im zweiten Halbjahr 2020 vor, alle Europäer gemeinsam mit China zusammenzubringen – eine wichtige Initiative, um chinesische Angebote an einzelne EU-Staaten weniger attraktiv zu machen. Doch der EU-27-Gipfel mit Peking konnte Corona-bedingt nicht zusammentreten. Die Aufgabe bleibt, die EU geschlossen im Dialog mit China zu halten.

Europa hat die politischen Folgen von Chinas Milliardeninvestitionen in europäische Infrastruktur über Jahre unterschätzt. Chinesische staatliche Schifffahrtsunternehmen besitzen heute bedeutende Anteile an mindestens 13 europäischen Häfen, und die chinesischen Telekommunikationsausrüster Huawei und ZTE sind sehr präsent in Südosteuropa, aber auch in Deutschland. Das chinesische Unternehmen Huawei Marine Networks baut das finnische digitale Kabelprojekt »Arctic Connect« im russischen hohen Norden. Es verbindet Europa mit Asien und ist das längste Unterwasserkabel weltweit.

Ein wichtiger Bestandteil der BRI ist die Bereitstellung von Energieinfrastruktur. China nutzt seine Investitionen in die Netzinfrastruktur anderer Länder dafür, seine Anfälligkeit für Energieversorgungen zu verringern, eigene Hightech-Produkte wie Höchstspannungsleitungen zu fördern und künftige Technologiestandards festzulegen. Parallel fördert es seinen politischen Einfluss – und das auf lange Sicht, denn die Bereitstellung von Infrastruktur bindet die Partnerländer physisch an die Zusammenarbeit.

Wenn Länder die Kontrolle über ihre Infrastruktur abgeben, leiden ihre Unabhängigkeit und ihre Resilienz. Damit wird es leichter, Regierungen zu drohen – etwa wenn die Möglichkeit besteht, Stromnetze abzudrehen oder den Zugang zu einem Hafen zu versperren. In Europa kam es bislang zu keinen offenen Konfrontationen dieser Art. Dennoch berichten Diplomaten über immer mehr Anzeichen für den Erfolg chinesischer Einflussnahme: Ungarn blockierte zunächst europäische Sanktionen wegen der Menschenrechtsverletzungen an den Uiguren, Griechenland hielt 2017 im UN-Menschenrechtsrat eine kritische Erklärung der EU zur Lage der Menschenrechte in China auf, nachdem im Jahr zuvor die halbstaatliche chinesische Reederei Cosco Mehrheitsanteile am griechischen Hafen von Piräus erworben hatte. Auf den Punkt brachte es ein hoher europäischer Beamter: »Wenn wir in Brüssel verhandeln, sitzt Peking faktisch mit am Tisch.«

Auch seinen handelspolitischen Fußabdruck hat China in den vergangenen Jahren gezielt vergrößert. Im Oktober 2020 kündigte Xi Jinping in der Parteizeitschrift *Qiushi* das Ziel an, die Abhängigkeit anderer Länder von chinesischen Lieferketten zu erhöhen. Damit geht er gegen die Bemühungen in den USA und in Europa an, sich unabhängiger von Wirtschaftsverflechtungen mit China zu machen. In den USA hat Donald Trump die Idee eines »Decouplings« – also einer Kappung von Verflechtungen – sehr stark betont, als strategischen Schritt, um die Abhängigkeiten von China zu reduzieren. In Europa hat die Entflechtungsidee in der Covid-19-Krise an Bedeutung gewonnen, angesichts der Versorgungsengpässe mit medizinischem Material und der Angst, dass sich China in der Wirtschaftskrise in europäische Wertschöpfungsketten einkaufen könnte, auch wenn eine Entkopplung unrealistisch erscheint. Das Ziel, Abhängigkeiten zu reduzieren, bleibt dies- und jenseits des Atlantiks indes bestehen.

China ist heute der größte Warenexporteur weltweit und verdrängt schnell die USA als größten Handelspartner für einen Großteil der Welt. Neunzig Länder handelten 2018 doppelt so viel mit China wie mit Amerika. 2020 überholte China die USA als größter Empfänger von ausländischen Direktinvestitionen. Noch ist China aufgrund seiner dynamischen Entwicklung als Standort attraktiv, wenngleich sich die Sorgen unter europäischen Unternehmen über chinesische Überwachung und potenzielle Durchgriffe mehren. Vorerst wächst die Verflechtung weiter und Kritik an oder die Sanktionierung von chinesischem Handeln wird dadurch immer schwieriger. Als Teil seiner globalen Strategie unterzeichnete China im vergangenen Jahr ein Handelsabkommen, die Regional Comprehensive Economic Partnership, mit Verbündeten der USA wie Japan, Südkorea, Australien und Neuseeland. Das im Dezember 2020 unterzeichnete, allerdings auf EU-Seite absehbar nicht ratifizierbare Investitionsabkommen mit der Europäischen Union, die Ankündigung einer Zollinitiative mit osteuropäischen Ländern und neue Handelsabkommen mit Staaten im Nahen Osten und in Afrika sowie ein regionales Abkommen mit Japan und Südkorea zeigen, wie offensiv China seine Wirtschaftsbeziehungen entwickelt.

Digitaler Autoritarismus auf dem Vormarsch

Intern ist China wesentlich repressiver geworden und nutzt dafür gezielt technologische Innovationen aus. Peking baut durch seine kumulierte Markt-, Daten- und Finanzkraft nicht nur international, sondern auch im Inneren eine riesige staatliche Steuerungsmacht auf. Die Bevölkerung und die Wirtschaft werden geradezu durchleuchtet – und von der Staatsmacht identifiziertes »Fehlverhalten« wird sanktioniert. Das Land hat sich in Richtung eines digitalen Autoritarismus entwickelt. Die Provinz Xinjiang bietet ein besonders erschreckendes Beispiel dafür, wie weit die Kontrolle gehen kann. Die muslimische Minderheit der Uiguren wird Schritt für Schritt überwacht und brutal in Umerziehungslagern gefangen gehalten und zur Zwangsarbeit verpflichtet – die USA und einige EU-Regierungen bezeichnen dies angesichts der Berichte über Folter, Zwangssterilisationen und Tötungen als Genozid.

Zunächst etablierte Peking testweise in verschiedenen Regionen ein soziales Kreditsystem. Mithilfe von Überwachungs- und Nachverfolgungstechnologie wird darüber konformes Verhalten erzwungen: Verstöße gegen Regeln werden bestraft, indem etwa Zugang zu Gesundheitsdiensten oder anderen staatlichen Leistungen verwehrt wird. Der Bevölkerung verspricht die Parteiführung dadurch Sicherheit und Fairness – und Anreize für besonders konformes Verhalten. Bald dürfte das soziale Kreditsystem landesweit ausgerollt werden, um Gesetze, Vorschriften oder andere Ziele der Partei durchzusetzen und um das Verhalten von Individuen und Organisationen zu steuern. Der Kampf gegen die Covid-19-Pandemie dient als zusätzliche Rechtfertigung für eine erhebliche weitere Einschränkung der Privatsphäre. Protest kann sich kaum mehr breit machen, so weit sind die Kommunikationswege und vor allem die sozialen Medien zensiert und kontrolliert. Die Einführung datenbasierter Überwachung und sozialer Kreditsysteme betrifft auch deutsche Unternehmen, die sich Standards unterwerfen müssen, die westlichen Vorstellungen von Good Governance und Datenschutz widersprechen.

Seine Internetüberwachung hatte China bereits 2018 mit einem umfassenden Cybersicherheitsgesetz verschärft. Netzwerkbetreiber und Social-Media-Unternehmen sind verpflichtet, Nutzer und alle Daten in China zu speichern. Das erlaubt den staatlichen Zugriff, und vom Regime verbotene Inhalte müssen umgehend entfernt werden. Auf das Gesetz folgten Hunderte neuer Richtlinien, die im Detail festlegen, was Internetnutzer online tun dürfen und was nicht. Unter anderem sind die Behörden gegen die Nutzung von VPN-Tunneln zur Umgehung der chinesischen Firewall vorgegangen, sodass chinesische Nutzer vom offenen, meinungspluralistischen Internet weitgehend abgeschnitten sind.

Zudem rüstet China im Inneren und dort, wo es im Ausland investiert, technologisch auf, um kritische Infrastrukturen und Daten vor fremden Zugriffen zu schützen. Der Zugang für ausländische Unternehmen zu Chinas Digital- und Telekommunikationsmärkten bleibt derweil aufgrund gezielt prohibitiv aufgesetzter Vorschriften zur Cyber- und Datensicherheit eingeschränkt. So konsolidiert und schützt China seine digitale Autokratie im Inneren.

Showdown im Cyberspace

Es bestehen keine Zweifel daran, dass Chinas Streben nach technologischem Fortschritt nicht allein wirtschaftliche Ambitionen unterstützen soll, es geht um viel mehr. Der systemische Wettbewerb zwischen China und dem Westen spielt sich in der fortschreitenden Digitalisierung ab. In diesem Sinne stellte der Ausschuss für Auswärtige Beziehungen des US-Senats im Juli 2020 fest: »Chinas Bemühungen, seine IT-Hardware und seine Systeme in China und im Ausland zu verbreiten, dienen nicht nur dazu, das Wirtschaftswachstum zu stützen. Sie sollen auch ein digitales Governance-Modell etablieren, verbreiten, internationalisieren und institutionalisieren, das sich als ›digitaler Autoritarismus‹ beschreiben lässt. Wenn es nicht gestoppt wird, wird China die Regeln für den digitalen Raum schreiben und damit digitalen Autokratien Tür und Tor öffnen, sodass sie das Internet und damit verbundene Technologien dominieren werden.«

Die Technologieführerschaft einiger Staaten wie China, der USA oder auch Russland und ihre jeweilige Bereitschaft zum Einsatz digitaler Machtmittel bestimmen maßgeblich das internationale Umfeld mit, in dem Europa heute agiert. Immer deutlicher wird, wie aggressiv China nach globaler technologischer Dominanz strebt, indem es massiv in seinen einheimischen Technologiesektor investiert und versucht, globale Standards zu setzen. Beim Kongress der Kommunistischen Partei Chinas (KPC) im Oktober 2017 verkündete Präsident Xi Jinping seinen Plan, China zur »Cyber-Weltmacht« zu entwickeln. Die chinesische Herangehensweise, etwa an die Governance des Internets, pries er als »neue Option für Staaten und Nationen, die ihre Entwicklung beschleunigen und dabei ihre Unabhängigkeit bewahren wollen«. Aus Sicht der KPC muss der digitale Raum von der Partei kontrolliert werden – um die Kontrolle über das Volk aufrechtzuerhalten. Entsprechende Technologien werden daher im Einklang mit den autoritären Prinzipien der Partei entwickelt.

Heute tobt ein Wettbewerb zwischen China und dem Westen darum, ob sich andere Staaten Chinas digitalem Autoritarismus anschließen oder sich im demokratischen Lager verorten. China investiert im Ausland intensiv in die Entwicklung digitaler Infrastruktur, etwa in Entwicklungsländern. Dadurch stärkt es nicht nur autokratische Herrscher, sondern gewinnt Druckmittel und direkte Spionagezugänge. Im Kontext der Vereinten Nationen blockiert Peking derweil Ansätze, einen freien, offenen und fairen Cyberspace zu entwickeln, und verwahrt sich im virtuellen Raum wie auch sonst jeglichen Versuchen, die Menschenrechte zu stärken.

Technologien, die autokratischen Herrschern dabei helfen, sich an der Macht zu halten, sind mittlerweile ein chinesischer Exportschlager. Chinesische Produkte werden von immer mehr repressiven Regimen genutzt, etwa um Massenproteste vorherzusehen und zu unterdrücken oder politische Gegner und zivilgesellschaftliche Gruppen zu überwachen. Eingesetzt werden Instrumente wie Gesichtserkennung, Ortungsprogramme, hochauflösende Videoüberwachung, Hacking-Instrumente und Anwendungen, die zur Online-Zensur dienen. Das chinesische Modell ist mittlerweile der Digital-Autokratie-Standard. Die vom Westen einst hoffnungsfroh geförderte Idee des Internets als Plattform für zivilgesellschaftliche Aktivitäten und Motor demokratischer Prozesse ist damit pervertiert. Wie die NGO Freedom House beobachtet, bietet Peking mittlerweile seine Autokratie-unterstützenden Tech-Produkte im Paket mit Zensur- und Überwachungstrainings an, für Regierungsmitarbeiter befreundeter Autokratien oder solcher Staaten, die es werden wollen. Einem Bericht der *New York Times* zufolge haben in den vergangenen Jahren etwa Ecuador, Venezuela, Bolivien, Angola, Usbekistan, Tadschikistan, Pakistan, Zimbabwe, Kenia oder auch die Vereinigten Arabischen Emirate von China hergestellte Überwachungstechnologie bezogen, die zunehmend mit Gesichtserkennung und Mobilfunküberwachung kombiniert wird.

Wenn die EU und die USA gegen die Ausbreitung von technologiebasierten Autokratien vorgehen wollen, müssen sie eine Strategie gegen Chinas und auch Russlands Exportangebote entwickeln. Beide sind nicht die einzigen Exporteure von Technologien, die zur Unterdrückung eingesetzt werden – auch demokratische Staaten wie Frankreich, Großbritannien, Israel und die USA gehören dazu. Wenn die repressive Kraft von digitalen Autokratien eingedämmt werden soll, muss nicht nur eine Strategie gegen Chinas und Russlands Exportangebote entwickelt werden. Die demokratischen Staaten, die geeignete Technologien produzieren, müssten sich selbst auf Exportstopps verpflichten, wenn ihre Produkte missbraucht werden.

Darüber hinaus ist China durch Desinformation und soziale Manipulation international aktiv. Zunächst hat es sich auf unmittelbar relevante Einflussgebiete wie Hongkong oder Taiwan konzentriert. Mittlerweile ist seine weltweite Präsenz auch in Europa deutlich gewachsen.

Für Europa hat Chinas offensiver Einsatz von Technologie und Digitalisierung relevante Folgen. Die »Digitale Seidenstraße«, die die Belt-and-Road-Initiative etwa durch grenzüberschreitende Glasfaserkabel, Unterseekabel und Satellitenkommunikation sowie durch 5G und Cloud-Projekte begleiten soll, verstärkt Chinas digitalen Zugang zu Europa und seine Nachbarschaft.

Dieses Vorhaben bedeutet nicht nur eine größere kommerzielle Präsenz Chinas in künftigen Wachstumssektoren, sondern eine wachsende Abhängigkeit von Chinas hoch wettbewerbsfähigen IT-Anbietern. Zu Recht steht die EU dieser Initiative wegen der Spionage- und Sabotagegefahren in vielerlei Hinsicht sehr vorsichtig gegenüber, wie der Bann von Huawei und ZTE aus kritischer IT-Infrastruktur zeigt. Auch Cybersicherheit ist ein großes Sorgenthema für Europa. Der EU-Außenbeauftragte Josep Borrell bekräftigte Ende 2020, dass die EU und ihre nachgeordneten Behörden regelmäßig Ziel von Cyberspionage sind, und stellte eine umfassende EU-Cyberstrategie für das kommende Jahrzehnt vor. So werden die Gefahren chinesischer Präsenz in digitaler Infrastruktur in der EU endlich auch in der öffentlichen Diskussion realistischer eingeschätzt. Doch in der europäischen Nachbarschaft und in Zentralasien schafft China sich relativ unbeachtet über die digitale Seidenstraße relevante Zugänge in die IT-Infrastruktur, ohne dass die EU dieser Entwicklung bislang wirksam etwas entgegensetzt.

Ein weiteres Problem für die EU sind die ungleichen Voraussetzungen, unter denen die Tech-Unternehmen Europas und Chinas jeweils agieren können, es mangelt an Reziprozität: Ausländische Technologieplattformen dürfen in China nicht operieren, sodass chinesische Plattformen, die ähnliche Dienste anbieten, im großen chinesischen Markt ohne Wettbewerber florieren und oftmals staatlich unterstützt in neue Märkte expandieren können. China hält mittlerweile einige der nach Marktkapitalisierung wertvollsten Internetunternehmen der Welt, darunter Alibaba, Tencent und Baidu. Innovationspartnerschaften mit China im Tech-Bereich werden zunehmend schwierig, da eine transparente Kooperation kaum möglich ist und protektionistische Logiken dominieren. Die EU tut sich schwer, damit umzugehen, da es weder eine einheitliche Linie der Regierungen gegenüber China gibt noch ein echtes europäisches Innovationsökosystem, mit dem die EU aus einer Position der Stärke heraus operieren könnte. Viele Mitglieder der EU verteidigen überdies ihre Interessen gegenüber China schlecht. Diejenigen Staaten, die schwächere Geheimdienste haben, können nur mit größeren Schwierigkeiten gegen Technologieklau, wirtschaftliche Spionage oder Sabotage vorgehen, als dies etwa Großbritannien, Frankreich und Deutschland gelingt.

Das digitale China fordert Europa daher auf mehreren Ebenen heraus. Es gibt Möglichkeiten der Zusammenarbeit, jedoch muss Europa seine Interessen in einem sich schnell verändernden wirtschaftlichen und technologischen Umfeld wahren. Die europäischen Entscheidungsträger sind gut beraten, eine strategisch autonome, einheitliche Digitalpolitik voranzutreiben und einen gemeinsamen Ansatz bei der Bewältigung von Cybersicherheitsproblemen in Europa zu entwickeln. Angesichts des digitalen Aufstiegs Chinas muss sich Europa stärker mit Drittländern wie den USA, Südkorea oder Japan abstimmen, um gemeinsam gegen Chinas subventionierte Industriepolitik, seinen digitalen Protektionismus und seine Autokratieförderung vorzugehen und seiner Standardsetzung durch eigene Initiativen begegnen. Die EU sollte daher mit gleichgesinnten Partnern zügig Vereinbarungen zum Datenschutz, zur Datenlokalisierung und zu Cyberstandards sowie zum freien und sicheren Datenverkehr ausweiten. Wachsamkeit, Kooperation, Einigkeit und Einflussnahme werden nötig sein, um die digitale Welt, die zunehmend von China geprägt wird, mitzugestalten.

Noch im Jahr 2020 schien es, als können weder die USA noch Europa, geschweige denn weitere Staaten, die sich dem Westen zurechnen, gemeinsam Position gegenüber China beziehen. US-Präsident Trump verschärfte zwar die Konfrontation mit China, setzte aber gleichzeitig auch die Europäer immer mehr unter Druck. Mit der jetzigen Führung im Weißen Haus ist die Lage anders. Wenn die

EU, die USA und andere Partner etwa im regulatorischen Wettbewerb Hand in Hand arbeiten, können sie der wachsenden chinesischen Dominanz noch gemeinsame Stärke entgegensetzen.

Was Washington erwartet

Den meisten europäischen Staats- und Regierungschefs fiel bei der Wahl des Demokraten Joe Biden in das mächtigste Amt der Welt im November 2020 ein Stein vom Herzen. In seinen vier Jahren im Weißen Haus hatte sein Amtsvorgänger Trump die internationale Ordnung geschwächt und das transatlantische Verhältnis geschädigt. Die Europäische Union hat er auseinanderdividiert und Politiker wie Bundeskanzlerin Angela Merkel düpiert – man denke daran, wie er ihr bei ihrem ersten Besuch bei ihm in Washington vor laufenden Kameras den Händedruck verweigerte.

Ein Grund für die große Erleichterung der Europäer liegt auf der Hand: Nun besteht wieder die Chance, gemeinsam mit den USA an verlässlichen Antworten auf die vielfältigen globalen und regionalen Herausforderungen zu arbeiten. Joe Biden hat sich glaubhaft zur regelbasierten internationalen Ordnung, zur internationalen Zusammenarbeit und zur transatlantischen Partnerschaft inklusive der NATO bekannt.

Ein zweiter Grund liegt in den inneren Entwicklungen der USA. Insbesondere in den letzten Monaten der Trump-Präsidentschaft waren die Sorgen um den Zustand der amerikanischen Demokratie enorm gewachsen. Ein absoluter Tiefpunkt der Ereignisse war der gewaltsame Angriff von Anhängern des damals noch amtierenden, aber bereits abgewählten US-Präsidenten Trump auf den Kongress der Vereinigten Staaten. Etwa 800 zum Teil wild verkleidete und gewaltbereite Aufrührer wollten den Senat und das Repräsentantenhaus davon abhalten, den Sieg des Demokraten Joe Biden zu bestätigen. Ihr Ziel dabei: Der Republikaner und Verlierer der US-Präsidentschaftswahl 2020 sollte gewaltsam und verfassungswidrig im Amt gehalten werden. Ihr Sturm auf das Parlamentsgebäude, das Beobachter als Putschversuch werteten, unterbrach für mehrere Stunden die Sitzungen. Fünf Menschen kamen ums Leben, zahlreiche wurden verletzt.

Die Konsequenzen, die ein Scheitern des demokratischen Wahlprozesses und Machtwechsels nach sich gezogen hätte, wären immens gewesen: Europäer hätte die USA zumindest vorerst als Partner in der Welt verloren, und die Strahlkraft der amerikanischen Demokratie wäre erloschen. Autokratische Herrscher weltweit hätten triumphiert. Deutlicher als je zuvor zeigte sich in jenen Tagen, als die amerikanische Demokratie gewaltsam erschüttert wurde, dass die Partnerschaft Europas mit den Vereinigten Staaten und Kanada längst nicht nur eine Frage der militärischen Absicherung und außenpolitischen Zusammenarbeit ist. Sie ist existenziell für unsere politische und gesellschaftliche Freiheit. Das transatlantische Bündnis ist nun wieder offen und stark genug, um Europas liberal-demokratische Verfasstheit mit zu stützen und den »European Way of Life« und die freie Entfaltung unserer demokratischen Gesellschaften zu begleiten. In Anbetracht autoritärer Tendenzen weltweit, der inneren Verwerfungen in den USA und auch im Herzen der Europäischen Union wird die transatlantische Wertepartnerschaft daher zunehmend zum Raum für gegenseitige Rückversicherung und zu einem Rahmen, in dem die Verwundbarkeit und der Schutz der eigenen Demokratien thematisiert werden können und müssen.

Deutlich spüren die Europäer die Erwartung aus Washington, dass auch sie die Gefahren für Demokratie und Rechtsstaatlichkeit in den Blick nehmen. Aus der gemeinsamen Wertebasis und Interessenkonvergenz leitet die Biden-Administration einen Schulterschluss zwischen den USA, Europa, Kanada und demokratischen Partnern im Indo-Pazifik gegenüber China ab. Unter Joe Biden nimmt der Konflikt mit China, gerade auch wegen seines klaren Bekenntnisses zu einer funktionierenden liberalen Demokratie in den USA, noch schärfere Konturen an.

Bidens Fokussierung geht weit über den Kurs seines erratischen Vorgängers Donald Trump hinaus. Zunächst hat der Demokrat alle von Trump verhängten Strafzölle gegen China und die Verbote für den Export von Hightech in Kraft gelassen. Die Sanktionen wegen der Unterdrückung der Uiguren und der Aufhebung der Hongkonger Freiheitsrechte hat er ausgeweitet. Handelsgespräche oder ein strategischer Dialog stehen derzeit nicht auf der US-amerikanischen Agenda. Dafür baute Biden die amerikanische Militärpräsenz im Indo-Pazifik durch die Verlegung eines Flugzeugträgers in die Straße von Taiwan aus. Die Außenminister der beiden Supermächte überraschten im März 2021 die Weltöffentlichkeit mit heftigen Wortgefechten vor laufenden Kameras. Zuvor hatten sie in drei Runden über Chinas Umgang mit den Uiguren in Xinjiang, den Umgang mit Hongkong und Taiwan, Cyberangriffe auf die USA und unfaire Handelspraktiken gerungen. Auch wenn die Vereinigten Staaten unter Biden stärker gewillt sind als unter Trump, bei gemeinsamen Herausforderungen wie dem Klimawandel mit China zusammenzuarbeiten, wird das bilaterale Verhältnis von den starken geopolitischen Spannungen und dem unverhohlenen Machtwettbewerb bestimmt sein.

Die strategische Partnerschaft, die Biden mit der EU und anderen Europäern sowie Alliierten in der NATO und in Asien gegenüber China sucht, hat das Ziel, den Aufstieg Chinas zur wichtigsten Weltmacht abzubremsen und zu verhindern, dass es das internationale System dominiert. Biden hat angekündigt, eine Allianz der Demokratien zusammenzubringen, die sich gegen Autoritarismus und ganz besonders gegen China richtet. In Asien stärkt er die sogenannte Quad, eine Vierergruppe aus den USA, Japan, Australien und Südkorea, deren Zusammenarbeit schrittweise über Sicherheits- und Verteidigungsfragen ausgedehnt wird. An Europa hat er große Erwartungen, während die EU und ihre Mitgliedsstaaten jedoch erst noch ihre Strategie gegenüber China und der Indo-Pazifik-Region entwickeln.

Womit Europa ringt

Fragt man in Europas Hauptstädten, wo sich die jeweiligen Staaten im systemischen Wettbewerb verorten, ist die Antwort der allermeisten Staats- und Regierungschefs eindeutig: im westlichen Lager liberaler Demokratien. Kaum ein europäisches Land sieht es aber als logische Schlussfolgerung, sich zwischen den USA und China entscheiden zu müssen. Dass die Europäische Union im Dezember 2020, also noch kurz vor Amtsantritt Joe Bidens, auf deutsches Drängen hin ein umfassendes Investitionsabkommen mit China geschlossen hat, sorgte bei der US-Regierung für Verärgerung. Derartige Erwartungen sind für viele Europäer nur schwer zu akzeptieren. Auch wenn mittlerweile seine Ratifizierung im Europäischen Parlament zumindest vorläufig gescheitert ist, lohnt sich ein Blick auf dieses Beispiel, um die unterschiedlichen Perspektiven zu illustrieren. Aus europäischer Perspektive gelang es mit dem Abkommen, Zugeständnisse von China, etwa fairere Wettbewerbsbedingungen, festzuschreiben, die die USA sich bereits früher gesichert hatten. Zudem wurden Fortschritte bei der Sicherung von Arbeitsrechten erlangt. Doch aus amerikanischer Sicht war der Abschluss des Abkommens weniger als vier Wochen vor Joe Bidens Amtsantritt eine Provokation – und eine verpasste Chance, da aus US-Sicht die transatlantischen Partner gemeinsam wirksamer mit China hätten verhandeln können.

Warum die Europäer China anders sehen als die USA, lässt sich sehr gut am Beispiel Deutschlands illustrieren. China war, ist und wird auch in Zukunft Deutschland sowohl Partner, Konkurrent und Herausforderer sein. Deutschland ist heute der mit Abstand größte europäische Handelspartner der Volksrepublik. Im Jahr 2020 war China zum fünften Mal in Folge der größte Handelspartner Deutschlands. Das bilaterale Handelsvolumen belief sich 2020 laut Bundeswirtschaftsministerium auf 212 Milliarden Euro. Dabei darf allerdings nicht vergessen werden, wie sehr die deutsche Wirtschaft in Europa verflochten ist. Dicht hinter China auf Platz zwei dieser Rangliste liegen die Niederlande mit 173 Milliarden Euro, noch vor den USA mit 172 Milliarden Euro. Der Warenaustausch mit Polen, Tschechien, Ungarn und der Slowakei summiert sich sogar auf 286 Milliarden Euro – auf die Visegrad-Staaten entfallen also rund ein Drittel mehr als auf China. Der deutsche Außenhandel wird derzeit also noch vor allem von geografischer Nähe und den eng verflochtenen Lieferketten im EU-Binnenmarkt geprägt, trotz der riesigen Größe des chinesischen Marktes. In einigen Branchen, wie etwa dem Automobilbau, ist Deutschland jedoch sehr vom Zugang zum chinesischen Markt abhängig.

Innerhalb der EU sticht Deutschland als wichtigster Partner Chinas hervor: Laut Statistischem Bundesamt entfällt auf Deutschland mehr als ein Drittel des gesamten Handelsvolumens der EU mit China (586 Milliarden Euro). Die deutschen Exporte nach China beliefen sich auf rund 96 Milliarden Euro und die deutschen Importe aus China auf rund 116 Milliarden Euro. Deutschland exportierte vor allem Maschinen, Kraftfahrzeuge und Kraftfahrzeugteile, Elektrotechnik und Chemikalien. Der Bestand an deutschen Direktinvestitionen in China lag nach Berechnungen des Bundeswirtschaftsministeriums 2018 bei 86 Milliarden Euro. Chinesische Direktinvestitionen in Deutschland lagen Ende 2018 bei vergleichsweise geringen 3,2 Milliarden Euro.

Für die EU insgesamt war 2020 China und nicht mehr die USA der wichtigste Handelspartner. Zwar wurde 2020 durch die Pandemie zum Ausnahmejahr, in dem der transatlantische Handel wegen der massiven wirtschaftlichen Folgen zwischen beiden Regionen um 10 Prozent einbrach. Doch zeichnet sich der Trend bereits seit einigen Jahren deutlich ab. Es ist eine strategisch wichtige Aufgabe für die USA und die EU, ihre Wirtschaftsbeziehungen wieder zu festigen.

Angesichts der wirtschaftlichen Verflechtungen mit beiden Seiten ist für die EU und für Deutschland eine Verortung im Kräftespiel zwischen den Vereinigten Staaten und China eine schwierige Aufgabe. Noch schwieriger ist sie, da die wirtschaftliche Bedeutung Deutschlands und Europas schwindet: Nur noch 15 Prozent des Wachstums auf der Welt finden mittlerweile in Europa statt. Das kann als Erfolg und Beleg für Europas Produktivität und Wettbewerbsfähigkeit gewertet werden, wenn man sich vor Augen führt, dass Europa nur 5 Prozent der Weltbevölkerung auf sich vereint. Doch je kleiner der relative Anteil Europas wird, desto mehr wird es darum kämpfen müssen, seine Rolle zu behaupten, zum Beispiel im Bereich der Standardsetzung. Daher braucht Europa dringend Partner für Handel und Investitionen und für Innovation und Entwicklung, insbesondere im technologischen Bereich.

Vor diesem Hintergrund unterscheiden die USA und die EU sich, wie sie die Herausforderungen und ihre jeweiligen konkreten Interessen im Bereich der Wirtschaftsbeziehungen definieren. Die US-Seite möchte ihre Abhängigkeit verringern und den Einfluss auf China erhöhen. Die Europäer sehen die Beziehung auf eine pragmatischere – die USA würden sagen: kurzsichtige – Weise. Angela Merkel, die China in den 15 Jahren ihrer Amtszeit fast jedes Jahr besucht hatte, betonte immer wieder die Bedeutung der Wirtschafts- und Forschungsbeziehungen für beide Seiten. Dabei unterstreichen politische Entscheidungsträger in Berlin, dass Deutschland gerade durch diese engen Beziehungen heikle Themen wie die Achtung der Menschenrechte gegenüber Peking zur Sprache bringen kann, während europäische und amerikanische Beobachter Deutschland regelmäßig kritisieren, nicht genug zu tun.

Allerdings sollten sich die USA und Europa auf das Ziel einigen können, die Abhängigkeit von China zu reduzieren, eine Diskussion, die insbesondere durch die Covid-19-Pandemie und die Bereitstellung von medizinischer Versorgung vorangetrieben wurde. Beide Seiten teilen auch das Interesse an fairen Wettbewerbsregeln und daran, den systemischen Diebstahl von geistigem Eigentum zu bekämpfen.

Es gibt also gute Ansatzpunkte für eine transatlantische Strategie gegenüber China. Dennoch wird die EU sich nicht so vertrauensvoll und vorbehaltlos auf die transatlantische Allianz verlassen wollen, wie dies in früheren Jahrzehnten der Fall war. Zu tief sitzt das Entsetzen über die Trump-Administration, die der EU und den Mitgliedstaaten ihre Abhängigkeit, Erpressbarkeit und in vielerlei Hinsicht Handlungsunfähigkeit vor Augen geführt hat. Einen bleibenden Eindruck hat die Erfahrung hinterlassen, dass die Europäer das Atomabkommen mit dem Iran nicht aufrechterhalten konnten, als Donald Trump es seitens der USA aufkündigte. Die beteiligten Europäer, also Frankreich, Großbritannien und Deutschland, konnten ihren Teil des Deals nicht garantieren, weil die USA Banken und Unternehmen, die mit dem Iran handelten, extraterritoriale Sanktionen androhten, also die völkerrechtlich nicht gesicherte Ausweitung von US-Recht auf ausländische Unternehmen und Banken. Aus Angst davor, ihren Zugang zum US-Markt zu verlieren, zogen sie sich zurück. Der Streit über den Umgang mit dem Iran und die politische Instrumentalisierung des US-Dollars hielt den Europäern zudem ihre Abhängigkeit von der globalen Leitwährung und ihr Interesse an einer europäischen Alternative vor Augen.

Im sich rapide wandelnden internationalen Umfeld erfährt die Europäische Union immer wieder, wie abhängig sie vom Verhalten anderer ist und dass ihre internationale Gestaltungkraft längst nicht ihrer Größe und ihrer Wirtschaftskraft entspricht. Die EU darf sich nicht treiben lassen und ein Spielball der Interessen anderer sein, etwa Chinas oder Russlands, aber auch der USA. Dass die Europäische Union und Europa sich angesichts der globalen Umbrüche weiterentwickeln müssen, ist offensichtlich. Mit Joe Biden im Weißen Haus gibt es eine neue Chance, das transatlantische Verhältnis neu und eng aufzustellen und auf Zukunftsherausforderungen auszurichten. Dafür, aber auch, um den Herausforderungen durch China und Russland zu begegnen, muss die Europäische Union handlungsfähiger werden. Wenn Europa sich nicht traut, internationale Politik aktiv mitzugestalten, wird sie an Bedeutung verlieren. Die Voraussetzungen für eine stärkere internationale Rolle sind nicht die besten. Denn hinter Europa liegen eineinhalb Jahrzehnte, die von Krisen und Brüchen geprägt waren. Dadurch sind Spannungen im Inneren entstanden, deren Ausmaß immer noch nicht voll abschätzbar ist.

2

SPANNUNGEN UND GEMEINSCHAFTSSINN: WAS IN DER EU LOS IST

Fünf Krisen, die die EU herausgefordert haben

Die Situation der EU ist paradox. Auf der einen Seite gibt es so viele Gründe wie nie dafür, dass Europa enger zusammentritt und noch entschiedener gemeinsam handelt: den Wettbewerb der Großmächte China und USA, ein Russland, das sich als Störfaktor profiliert, neue Sicherheitsbedrohungen, globale Gewichtsverlagerungen in Richtung Asien, die teilweise sinkende Akzeptanz multilateraler Organisationen wie der Vereinten Nationen oder der Welthandelsorganisation. All diese Faktoren stellt die EU vor Aufgaben, durch deren Bewältigung sie ihren Nutzen für die Bürgerinnen und Bürger eindeutig beweisen könnte.

Aber auf der anderen Seite waren die inneren Spannungen und Fliehkräfte noch nie so groß wie heute. Europa fehlt es nicht an Analysen seiner Schwächen oder an Konzepten für die Weiterentwicklung. Diese haben Parteien, Institutionen, Thinktanks, Stiftungen und Akademiker haufenweise vorgelegt. Was fehlt, ist die Bereitschaft bei den politischen Akteuren in der Europäischen Union und den Mitgliedsstaaten, die EU tatsächlich zu stärken.

Die europäische Integration begann in den 1950er Jahren als Antwort auf den Zweiten Weltkrieg. Im folgenden Kalten Krieg war sie ein strategisches Vorhaben, um ein Bollwerk zu errichten gegen Sozialismus und Totalitarismus sowie gegen die militärische Bedrohung, die von der Sowjetunion ausging. Es gab also von Beginn an und bis in die 1980er Jahre hinein ein klares Feindbild.

Und es gab eine einigende Kraft außerhalb des europäischen Kontinents: die Vereinigten Staaten von Amerika. Washington griff immer wieder integrationsfördernd ein, da ein geeintes Europa im strategischen Interesse der USA lag. Zudem wirkte die historische Erinnerung an den Zweiten Weltkrieg zwei Generationen lang stark nach. Europa wurde als Friedensprojekt gesehen, als Chance, nach den brutalen Ereignissen in den späten 1930er und 1940er Jahren in Europa Stabilität, Wohlstand und Demokratie abzusichern. Insofern ist die EU auch ein transatlantisches Vorhaben.

Mit dem Ende des Kalten Krieges 1989 schien die Bedrohung durch die Sowjetunion und der Systemkonflikt mit dem totalitären Osten überwunden. Das westliche Modell, so glaubte man, würde international als Blaupause in einer neuen Weltordnung dienen. In einem vermeintlichen »End of History«-Moment, um mit dem US-Publizisten Francis Fukuyama zu sprechen, wirkte die Europäische Union, Hand in Hand mit den USA, als transformatorische Kraft in ihrer Nachbarschaft. In den Jahren 2004 und 2007 wurden ehemalige Staaten des Ostblocks in die EU aufgenommen, nachdem die USA gemeinsam mit europäischen Regierungen einigen dieser Staaten bereits den Weg in die NATO geebnet hatte.

Knapp 30 Jahre lang schien die Entwicklung gut voranzugehen, auch wenn es immer wieder kleinere Rückschläge gab. Die USA begannen zwar, sich mit dem Obama'schen »Pivot to Asia« global breiter zu orientieren, also die Außen- und Sicherheitspolitik stärker auch auf den asiatischen Raum auszurichten. Aber Europa brauchte sich keine substanziellen Sorgen über die Verlässlichkeit des Alliierten zu machen. Mit Donald Trumps Amtsantritt als republikanischer US-Präsident im Januar 2017 änderte sich die Situation schlagartig. Zwar hielt er entgegen seiner noch aggressiveren Rhetorik an der transatlantischen Verteidigungsallianz NATO fest. Aber er bezeichnete seine europäischen Alliierten als »Gegner« in Handelsfragen und setzte unter anderem Deutschland maßgeblich politisch sowie durch Strafzölle unter Druck und verhängte extraterritoriale Sanktionen. Überdies unterstützte der US-Präsident den Austritt Großbritanniens aus der EU. Der Chef der britischen Austrittspartei UKIP schmiedete früh eine Allianz: Nigel Farage trat kurz vor der US-Wahl im November 2016 bei einer Wahlkampfrally in Arizona mit Trump auf, wenige Tage danach traf er den designierten US-

Präsidenten in New York. Daraufhin unterstützte Trump Farage immer wieder durch Einmischungen in die britische Innenpolitik oder stellte für Farages Fundraising-Kampagne in den USA Kontakte her.

Mit Joe Biden ist im Januar 2021 ein US-Präsident ins Amt gekommen, der Europa wieder ein verlässlicher Partner sein will. Natürlich wird auch er in manchen Bereichen bestehende Interessenkonflikte im Ton zwar freundlich, aber in der Sache hart austragen. In einer unsicheren und komplexen Welt, die vom Machtkampf zwischen China und den USA geprägt ist, wachsen in Washington die Erwartungen an die Europäische Union. Doch nicht deshalb, sondern aus purem Eigeninteresse muss die EU gemeinsam mit europäischen Partnern wie Großbritannien mehr Verantwortung übernehmen. Es geht darum, sich globalen Herausforderungen zu stellen und international mitzugestalten. Und darum, sich im Inneren zu konsolidieren und sich zersetzenden Kräften entgegenzustellen.

Diese Situation ist Anlass für eine nüchterne Analyse, wo die EU, ihre Mitgliedsstaaten und die Bevölkerung im Inneren der EU stehen. Um Europas heutige Verfassung zu verstehen, ist es hilfreich, auf die krisenhaften Erschütterungen der vergangenen 15 Jahre zu blicken und Europas Umgang damit nachzuvollziehen. Da war zunächst ab 2007/2008 die Finanz- und Wirtschaftskrise, die fast den Euro zum Scheitern brachte. Dann geriet ab 2013 die europäische Sicherheitsordnung unter Druck, nachdem Russland die gewaltsame Annexion der Krim initiierte und im Osten der Ukraine einen bis heute andauernden Krieg lostrat. 2015 setzte die Migrationskrise ein. Der Brexit und damit der Austritt des drittgrößten EU-Staats hielt Europa noch in Atem, als mit der Ausbreitung der Covid-19-Pandemie 2020 längst die nächste Krise eingesetzt hatte. Nur mit einem nüchternen Blick auf diese Entwicklungen und den Schaden, den sie politisch, gesellschaftlich und wirtschaftlich hinterlassen haben, ist eine Zielbestimmung für das Europa der Zukunft möglich und sinnvoll.

Am 7. Mai 2010 lagen in Europa die Nerven blank. Monatelang war in der EU um Hilfspakete für Griechenland gerungen worden – und an diesem Freitag zeigte sich, dass die Staatsverschuldungs- und Bankenkrise die Währungsunion zerstören könnte. Gut zwei Jahre nachdem die amerikanische Finanzkrise nach Europa geschwappt war, brach am Finanzplatz New York der Handel mit europäischen Staatsanleihen zusammen. In der sich seit einigen Monaten ausbreitenden Krise war dies das bis dato sichtbarste Zeichen, dass Europa das Vertrauen der Investoren verlor. Internationale Beobachter sahen sich bestätigt: Der Euro, eine Währung ohne soliden politischen und fiskalischen Unterbau, ohne ausreichende Konvergenz und Marktintegration, stand am Abgrund. Die europäischen Staats- und Regierungschefs und die Europäische Zentralbank hatten nun zwei kurze Tage und Nächte, um die Lage zu drehen, bevor am 9. Mai 2010 in Tokio die Börsen wieder öffnen würden. Ein Wochenende, um Europa mit einem Kraftakt wieder ins Spiel zu bringen.

Dies war der erste, aber nicht der einzige Moment in den vergangenen Jahren, in denen maßgebliche Errungenschaften der Integration unerwartet und existenziell herausgefordert wurden. Beobachter haben in den größten Erschütterungsmomenten der vergangenen 15 Jahre wahlweise das Scheitern des Euro, den Zerfall des Binnenmarkts oder gar das Ende der EU vorausgesagt. Und doch existiert die Gemeinschaft mit gemeinsamem Markt und gemeinsamer Währung weiter.

Über Europas eineinhalb Krisenjahrzehnte kann man zwei Geschichten erzählen. Die eine handelt von einer Union, die zwar kräftig durchgerüttelt wurde, aber entgegen allen Unkenrufen stärker geworden ist. Sie hat mit Großbritannien ein wichtiges Land verloren. Aber trotz Brexit haben die verbleibenden 27 Mitglieder zusammengehalten. Mehr noch: Sie sind sogar näher zusammengerückt. Weil sie verstanden haben, wie viel die Gemeinschaft ihnen wert ist, haben sie während des Krisenmanagements die Europäische Union gezielt gestärkt.

Die andere Geschichte lautet: Unter der Oberfläche sind die Fliehkräfte stärker geworden, politisch, ökonomisch und gesellschaftlich knirscht es. Regierungen untergraben mit souveränistischen Diskursen, unkoordiniertem Handeln und mangelnder Solidarität ihr eigenes Aufbauwerk, aus Sicht vieler Bürgerinnen und Bürger sinkt die Legitimität der EU. Diese Situation wird gezielt ausgenutzt: Autoritäre Kräfte greifen Europa an seinen inneren Schwachstellen an. Auch wenn die auf 27 Mitglieder geschrumpfte und geschwächte Gemeinschaft wohl nicht mit einem großen Knall auseinanderfliegen wird, erodiert doch der Kitt, der sie zusammenhält, mit jeder Krise etwas weiter.

So unterschiedlich beide Geschichten sind: Beide sind wahr. Das zeigt sich daran, wie die EU mit dem Potpourri sich zeitlich überlappender Krisen ab 2007 umgegangen ist. Dabei hat sie sich in mancherlei Hinsicht tatsächlich gestärkt, aber die schwierigen Jahre haben tiefe Furchen hinterlassen.

Finanzcrashs, Wirtschafts- und Verschuldungskrisen

Im August 2007 platzte die Immobilienblase in den USA. Die Niedrigzinspolitik der US-Notenbank, die eine Rezession nach den Terroranschlägen vom 11. September 2001 verhindern sollte, hatte für einen beispiellosen Bauboom gesorgt, den Hypothekenbanken durch eine nahezu konditionsfreie Kreditvergabe befeuerten. Diese Kreditrisiken hatten die Banken geschickt weitergegeben: Sie schnürten komplexe Wertpapierpakete und verkauften diese an Investoren, die sie neu strukturiert weitergaben. Auch an europäische Käufer.

Ab 2004 nahm der Druck im US-System zu: Die Notenbankzinsen stiegen an, der US-Häusermarkt war gesättigt und die Immobilienpreise gingen auf Talfahrt. Tausende Amerikaner konnten steigende Kreditzinsen nicht mehr bedienen. Mit dem Immobiliencrash wurden die undurchsichtigen Wertpapierpakete wertlos. Banken, die Kredite ohne ausreichende Sicherheiten vergeben hatten, standen mit dem Rücken zur Wand. Anfang 2007 gingen die ersten Hypothekenbanken in Konkurs, im Februar 2008 schlitterte die Investmentbank Bear Sterns an den Rand des Abgrunds und konnte nur durch einen Notverkauf überleben. Wenig später wurden die gigantischen staatlich gesponserten Hypothekenbanken Fannie Mae und Freddie Mac verstaatlicht. Weil niemand wusste, wer welche Risiken hielt, wollten sich die Banken untereinander kein Geld mehr leihen. Die Vertrauenskrise brachte weitere Finanzinstitute in den USA, in Europa und weltweit unter Druck. Ihren Höhepunkt erreichte die Krise mit dem Zusammenbruch einer der größten und renommiertesten Investmentbanken, Lehman Brothers, und dem Scheitern der Versicherung AIG im September 2008. Eine Kettenreaktion setzte ein: Weitere Banken wackelten, Unternehmen gingen pleite, Millionen Amerikaner verloren ihr Zuhause.

Wo überall die Risiken aus Hypothekenkrediten lagen, war zunächst undurchschaubar. Als aber auf der anderen Seite des Atlantiks das System zusammenbrach, wurde schnell klar, dass sie längst auch bei europäischen Banken in den Büchern standen. Europa traf die sich ausbreitende Krise im ohnehin beginnenden wirtschaftlichen Abschwung besonders schmerzhaft. Die EU erlebte den größten Wirtschaftseinbruch seit 1945, der tiefer war als die Rezession in den USA. Regierungen retteten Banken und legten Konjunkturpakete auf. Die Europäische Kommission versuchte händeringend, nationale Maßnahmen zu koordinieren, denn schon früh zeichneten sich zwei Risiken ab.

Erstens bestand die Gefahr, dass mangels eines geeigneten Budgets auf europäischer Ebene haushaltspolitisch nicht ausreichend gegengesteuert werden würde. Deutschland geriet ins Visier. EU-Partner, aber auch der Internationale Währungsfonds kritisierten Berlin, dass es zu wenig für die Eurozone tun würde: Deutschland solle als wirtschaftlich stärkstes Land mit haushaltspolitischem Spielraum seine Politik nicht am nationalen Bedarf, sondern an der Situation im Euroraum ausrichten. Der Ruf nach einem europäisch orientierten fiskalischen Impuls für den gemeinsamen Markt mit gemeinsamer Währung wurde lauter und war makroökonomisch gerechtfertigt. Doch dass dieser Impuls mangels eines geeigneten EU-Budgets aus nationalen Haushalten kommen sollte, war politisch inakzeptabel.

Zweitens war die Sorge groß, dass nationale Rettungsprogramme die europäischen Regeln, auf denen der Binnenmarkt und die Währungsunion fußten – etwa zu staatlichen Subventionen oder zur Beschränkung nationaler Defizite –, aushebeln würden und dass notwendige Strukturreformen nicht umgesetzt würden. Kaum zehn Jahre nach Einführung des Euro brachen unter dem Stress der Finanz- und Wirtschaftskrise Gräben auf, die der Vertrag von Maastricht zur Gründung der Währungsunion eigentlich hatte schließen sollen: zwischen den eher sparsamen Nordeuropäern und den Südeuropäern, die traditionell der Haushaltspolitik eine stärkere Rolle in der wirtschaftlichen Entwicklung zuschreiben. Die finanzschwächeren Staaten sorgten sich zudem, ganz wie heute in der Covid-19-Wirtschaftskrise, dass die unterschiedliche Finanzkraft der Staaten die ohnehin bestehenden Divergenzen im gemeinsamen Währungsraum verstärken würden. Denn die Regierungen mit mehr Ausgabenspielraum würden mehr für die Stabilisierung und Erholung tun können als die ärmeren Staaten.

Im Rückblick auf die Finanzkrise wird oft unterschätzt, wie besonders hart die Nicht-Eurozonen-Länder in Mittel- und Osteuropa getroffen wurden. Schließlich hatten diese ehemals kommunistischen Staaten über die vorhergehenden rund zwei Jahrzehnte einen schwierigen Transformationsprozess von der Plan- zur Marktwirtschaft bewältigt. Der polnische Dissident und Publizist Adam Michnik brachte das Problem einmal in einem Podiumsgespräch auf den Punkt: »Das schlimmste am Kommunismus ist, was danach kommt.« Zwischen 1989 und 1994 hatten viele Staaten in Mittel- und Osteuropa eine erste tiefe Rezession durchgemacht, die durch die radikale Veränderung des gesamten Wirtschaftssystems verursacht worden war. Neben den politischen Reformen und wirtschaftlichen Umstrukturierungen in den Ländern war ein wichtiger Schritt ihre internationale Öffnung und mit der EU-Osterweiterung 2004 die Integration in den europäischen Binnenmarkt.

Durch die importierte Wirtschaftskrise 2008/2009 erlebten Regierungen und Bevölkerungen in Mittel- und Osteuropa 20 Jahre, nachdem der Eiserne Vorhang gefallen war, wieder eine Zeit des Kontrollverlusts. Er begann, als Banken aus Westeuropa unter dem Druck der aus den USA herübergekommenen Finanzkrise große Mengen Geld von ihren Töchtern in Mittel- und Osteuropa abzogen. Da die Auslandsbeteiligungen von den nationalen Banken zum

Zeitpunkt der Finanzkrise in einigen der betroffenen Länder bei bis zu 90 Prozent lagen, waren die Liquiditätsengpässe durch den Kapitalabzug ein enormes Problem. Zudem kam es zu einer Abwertung der dortigen Währungen – der polnische Zloty etwa büßte binnen Jahresfrist ein Drittel seines Werts gegenüber dem Euro ein. Mit dem Verfall des Außenwerts der Währungen wuchs die Belastung durch Schulden, die in Euro, Dollar oder auch Schweizer Franken denominiert waren. Dies wurde angesichts der hohen Gesamtverschuldung der Privathaushalte mit einem hohen Anteil an Fremdwährungskrediten (in Estland und Lettland über 80 Prozent) zu einem erdrückenden Problem.

Außerdem sank durch die Wirtschaftskrise in Westeuropa die Nachfrage nach Exportgütern aus Mittel- und Osteuropa. So ging dem inländischen Wirtschaftsgeschehen, der Investitionstätigkeit und der Kreditvergabe gleichzeitig die Luft aus. Wachstumseinbrüche, steigende Arbeitslosigkeit und eine höhere Neuverschuldung waren die Folgen. In den mittel- und osteuropäischen Ländern wurde immer deutlicher, wie durch europäische und internationale Öffnung die Steuerungsfähigkeit der eigenen wirtschaftlichen Entwicklung und Finanzstabilität verloren gegangen war. Lettland, Rumänien und Ungarn brauchten Finanzhilfen von der EU, dem Internationalen Währungsfonds, der Weltbank sowie bilaterale Hilfen von anderen Staaten, um Staatspleiten abzuwenden. Die Auflagen, die die Hilfspakete begleiteten, wurden nach Jahren harter Wirtschaftsreformen und -restrukturierungen als illegitime Fremdbestimmung erlebt. In den Jahren um 2009 geriet ein relevanter Teil der nach Ende des Ost-West-Konflikts gewachsenen neuen Mittelschicht unter Druck, etwa weil sie ihre in Fremdwährung gehaltenen Immobilienkredite angesichts des Wertverlusts ihrer Landeswährung nicht mehr bedienen konnten. Es wird oft unterschätzt, wie stark das Erleben der Finanzkrise bei der Bevölkerung in Mittel- und Osteuropa heute politisch nachhallt.

In die gemeinsame europäische Erinnerung haben sich hingegen vor allem die frühen 2010er Jahre eingebrannt, als eine Staats- und Bankenkrise den Euro nahe an den Abgrund drängte. Im Oktober 2009 legte Griechenland seine miserable Finanzlage offen. Der Schuldenstand lag entgegen vorherigen Angaben bei 127 Prozent des Bruttoinlandsprodukts – und die Regierung verlor das Vertrauen der Anleger. Unter größtem Druck forderte Athen Finanzhilfen vom Internationalen Währungsfonds und der EU, um eine Staatsinsolvenz zu verhindern. Von Griechenland gingen Ansteckungsgefahren aus, die Märkte belegten im Frühjahr 2010 weitere südeuropäische Staaten und Irland mit Risikoaufschlägen. Die Zinsen auf Anleihen stiegen. Die Angst wuchs, dass eine von den Märkten getriebene Schuldenkrise weitere Länder massiv unter Druck setzen würde.

Um diese Entwicklungen zu stoppen, sagten die EU-Regierungen Griechenland bereits im Januar grundsätzlich Hilfe zu. Am 13. April 2010 wurde das erste, 110 Milliarden Euro schwere Hilfspaket von EU und IWF beschlossen. Das kam spät, gab Griechenland aber Luft: Bis 2013 würde es kein Geld an den Märkten aufnehmen, dafür aber strenge Reform- und Konsolidierungsvorgaben umsetzen müssen. Doch die Ansteckung ging weiter.

Keinen Monat später, am 9. Mai 2010, musste die Hilfszusage unter größtem Druck auf alle Eurozonen-Staaten ausgedehnt werden. Am Freitag zuvor war in New York der Handel einiger europäischer Staatsanleihen, unter anderem derer Frankreichs, kollabiert. Im Eiltempo wurde über das Wochenende ein 750 Milliarden Euro schwerer Schutzschirm beschlossen, der im Notfall Finanzhilfen geben würde. Gleichzeitig begannen Verhandlungen über einen permanenten Mechanismus, der Liquiditätshilfen bereitstellen und damit marktgetriebene Finanzkrisen unwahrscheinlicher machen sollte.

Den Europäischen Stabilitätsmechanismus gibt es inzwischen: Seit seiner Gründung unter der Leitung des Deutschen Klaus Regling ist er ein sehr wichtiger Baustein der Eurozonen-Architektur geworden. Er ist eines der Beispiele dafür, dass die Mitgliedsstaaten in den Krisenjahren ab 2008 nicht nur mit Ad-hoc-Krisenmanagement reagierten, sondern gleichzeitig Instrumente und Institutionen der Eurozone weiterentwickelten und neue schufen. Denn seit Beginn der Krise stand die Frage im Mittelpunkt, wie die Ursachen des Finanzcrashs bekämpft werden können, damit sich Ähnliches nicht wiederholt. Oberste Priorität war es daher, die Krisenprävention zu stärken.

Nach dem Zusammenbruch von Lehman Brothers wurde die europäische Finanzaufsicht aufgebaut und nationale Haushalts- und Wirtschaftspolitiken wurden nach den Erfahrungen der Staatsverschuldungskrise stärker überwacht. Die Staats- und Regierungschefs der 19 Eurozonenstaaten begannen, sich regelmäßig zu Eurozonengipfeln zu treffen, da im gemeinsamen Währungsraum mehr Abstimmung nötig war als in der EU 27. Die Präsidenten der wichtigsten europäischen Institutionen (Europäischer Rat, Europäische Zentralbank, Eurogruppe, Europäische Kommission, Europäisches Parlament) ergriffen die Initiative und legten mit wenigen Jahren Abstand erst in einer Vierer-, dann in einer Fünfergruppe zwei Berichte vor, wie die Währungsunion gestärkt und vollendet werden sollte.

Der Druck der Märkte trug essenziell zu dieser bemerkenswerten politischen Dynamik bei. Das Vertrauen der Anleger musste wiedergewonnen werden, nicht nur aus Sicht der Krisenstaaten, aus denen massiv Kapital abgeflossen war, sondern für die Währungsunion insgesamt. Hätten die Marktteilnehmer kein Vertrauen gehabt, dass die EU nachsteuert und die Währungsunion mit solideren Governance-Strukturen ausstattet, wäre der Euro womöglich gescheitert. China griff dabei durch geldpolitische Maßnahmen und den Kauf europäischer Anleihen stabilisierend ein. Es half damit, eine Währung zu retten, an deren Existenz als Alternative zum US-Dollar Peking großes Interesse hatte. Die Beziehungen der Europäer zu China wurden dadurch gestärkt – während die USA als Verursacher der tiefen Krise gesehen wurden, war Peking ein verlässlicher Partner im Management der Finanzkrise, der zwar eigene Interessen mit seiner Unterstützung verband, aber der EU ein willkommener und als fair wahrgenommener Unterstützer war.

In dem Maße, in dem der Euro auch durch äußere Unterstützung Vertrauen zurückgewann und der Druck der Märkte nachließ, sank die politische Bereitschaft zur Weiterentwicklung der Eurozone. Einige in den Krisenjahren entwickelte Reformvorschläge blieben Papiertiger, da der politische Wille ohne akuten Krisendruck nicht ausreichte. Der Grund: Jeder weitere Vertiefungsschritt bedeutet gleichzeitig eine Einschränkung oder Aufgabe nationaler Kompetenzen, zum Beispiel in der Haushalts- oder Wirtschaftspolitik, oder auch eine größere finanzielle Solidarität oder gar Risikoteilung, etwa durch die Einführung eines Eurozonenhaushalts oder gemeinsamer Anleihen. Und diese Punkte sind höchst umstritten. In der EU und der Eurozone prallen nach wie vor zwei Gruppen von Ländern aufeinander, die aufgrund ihrer nationalen Wirtschaftsmodelle und ihrer politischen Kultur sehr unterschiedliche Auffassungen haben, wie Solidarität, Selbstverantwortung und Risikoteilung in der Währungsunion ausbalanciert werden sollten.

So ist die Währungsunion bis heute nicht fertig – auch wenn die notwendigen weiteren Schritte, etwa zu einer Banken- und Kapitalmarktunion, längst konzeptionell ausbuchstabiert sind. In der neuen geopolitischen und geoökonomischen Welt gewinnt indes die Stärkung der Eurozone, eine europäische Konsolidierung des Bankensektors und eine Vertiefung des europäischen Finanzmarkts besondere Bedeutung. Denn nur durch eine Stärkung im Inneren wird Europa in einer kompetitiveren Welt mithalten können.

Angriff auf die Ukraine und Europas Sicherheitsordnung

In der feuchtkalten Nacht vom 21. November 2013 machten sich Protestierende in Kiew auf den Weg zum Unabhängigkeitsplatz, dem Maidan. Der damalige ukrainische Präsident, Wiktor Janukowitsch, hatte unter Druck von Wladimir Putin zuvor überraschend die Unterzeichnung des Assoziierungsabkommens mit der EU platzen lassen, das der Ukraine engere politische und wirtschaftliche Beziehungen zur EU und eine vertiefte Zusammenarbeit im Bereich der Rechtsstaatlichkeit, Freiheit und Sicherheit versprach. Ab diesem Tag demonstrierten Hunderttausende Ukrainerinnen und Ukrainer, immer wieder und bis ins neue Jahr hinein, gegen Janukowitsch, für Neuwahlen und für einen pro-europäischen Kurs ihres Landes.

EU-Flaggen hatten neben den blau-gelben ukrainischen Fahnen ihren Platz in den Händen der Protestierenden. Die Bilder des »Euro-Maidan« gingen um die Welt, einige zeigten Politiker aus der EU, die sich mit den Regimegegnern solidarisierten. Schritt für Schritt breiteten sich die Proteste landesweit aus, bis auf die Halbinsel Krim. Und immer gewaltsamer wurden sie zurückgedrängt. Drei Monate nach Beginn der Demonstrationen spitzte sich die Lage zu, zwischen dem 18. und dem 20. Februar 2014 töten Sicherheitskräfte über 100 Demonstranten.

Die Außenminister Deutschlands, Polens und Frankreichs schalteten sich in dieser Krisensituation als Vermittler ein, und am 21. Februar 2014 unterschrieben Führer der Opposition und Janukowitsch einen Vertrag zur Beilegung des Konflikts. Janukowitsch flüchtete noch in derselben Nacht aus Kiew. Nachdem ein Haftbefehl wegen Mordes erlassen wurde, tauchte er einige Tage später mit Putins Unterstützung zunächst auf der Krim und dann in Russland unter. Oleksandr Turtschynow wurde zum Übergangspräsidenten ernannt und eine vorläufige Regierung gebildet. Der Weg zu Neuwahlen war bereitet.

Mitnichten aber war es mit europäischer Unterstützung gelungen, im Nachbarland für Stabilität zu sorgen. Bereits während der Endphase der Maidan-Proteste hatte Russland begonnen, die Krim zu annektieren, eine autonome Republik in der Ukraine und aus russischer Sicht ein militärstrategisch wichtiger Standort. In den Morgenstunden des 27. Februar 2014 besetzten Soldaten in Uniform, aber ohne Rang- und Hoheitszeichen, strategisch wichtige Punkte auf der Halbinsel im Schwarzen Meer. Mit Hilfe dieser Spezialtrupps, die in der ukrainischen Öffentlichkeit als »grüne Männchen« verspottet wurden, annektierte der russische Präsident die Halbinsel und setzte den lokalen Regierungschef ab. Am 6. März 2014 beschloss das neu eingesetzte Regionalparlament den Anschluss der Krim an die Russische Föderation. Ein nicht verfassungsgemäßes Referendum bestätigte dies zehn Tage später. Die EU, die USA, die Vereinten Nationen und viele Regierungen verurteilten die gewaltsame Grenzverschiebung als völkerrechtswidrig.

Mit der Annexion der Krim war es nicht genug. Im Donbass, im Osten der Ukraine, initiierte Moskau eine gewaltsame Separationsbewegung und unterstützt sie bis heute, um die Westintegration und Europäisierung der Ukraine zu verhindern. In dem von Russland geschürten Krieg, mitten in Europa, starben bis heute schon mehr als 13 000 Menschen.

Für die EU ging die Bedeutung der Ereignisse in der Ukraine deutlich über das Land hinaus. Sie illustrierten, wie weit die europäische Sicherheitsordnung nach Ende des Kalten Kriegs in die Krise geraten war. In den Vorjahren hatten zunehmende Spannungen zwischen den USA und Russland bereits dafür gesorgt, dass wichtige Rüstungskontrollabkommen wie beispielsweise der Vertrag über konventionelle Streitkräfte in Europa (KSE-Vertrag) an Bindungskraft verloren hatten. Die Annexion der Krim im März 2014 bedeutet nun einen Bruch des Völkerrechts, der Helsinki-Prinzipien und des Budapest-Memorandums, allesamt weitere Säulen der europäischen Sicherheitsordnung seit 1989. Darauf aufbauend hatte die EU ihre Politik gegenüber Russland und der östlichen Nachbarschaft geformt, die auf eine wirtschaftliche und politische Annäherung abzielte. Auf das brutale Vorgehen Moskaus war die EU nicht vorbereitet, obwohl der Georgienkrieg 2008 bereits einen Vorgeschmack gegeben hatte, dass Russland zu Militäreinsätzen in der europäischen Nachbarschaft bereit war.

Mit den Interventionen in der Ukraine zeigte Moskau nun unmissverständlich, dass es sich nicht länger an die europäische Sicherheitsordnung gebunden fühlte und seinen Einfluss in ehemaligen Sowjetrepubliken ausbauen wollte. Sein latent bis offen kriegerisches Vorgehen rechtfertigte Putin damit, dass die EU und die NATO mittel- und osteuropäische Staaten, darunter einige ehemalige Sowjetrepubliken, die Chance auf Mitgliedschaft eröffneten, oder – wie im Falle der Ukraine – eine enge Annäherung anboten. Dass Moskau freie Bündnisentscheidungen der mittelosteuropäischen Länder nicht akzeptierte, hatte bereits die russische Entrüstung über die NATO-Osterweiterung 1999 und 2004 gezeigt. Nun wurde klar, dass Russland wirtschaftliche Annäherung und politische und rechtliche Zusammenarbeit unterbinden wollte.

Dies zerstörte eine Grundannahme der östlichen Nachbarschaftspolitik, nämlich dass die Staaten sich frei für ein engeres Verhältnis
mit der EU entscheiden könnten und es kein Entweder-oder zwischen
Teilnahme an der Östlichen Partnerschaft der EU und einem engen
Verhältnis mit Russland, das ihnen eine Mitgliedschaft in der Eura-
sischen Union anbot, gab. Es bleibt das Ziel der EU, die Beziehungen
zu den östlichen Partnern und zu Staaten in Zentralasien zu stärken,
in denen die russische und die chinesische Einflussnahme in beunruhigender Art und Weise zugenommen haben. Doch die EU ist vor-
sichtiger geworden, hatte sie doch unterschätzt, als wie konfrontativ
Russland ihre Angebote gegenüber den Nachbarn wahrnahm und wie
stark diese unter Druck gesetzt werden würden, auch weil Putin äußere Konflikte innenpolitisch zunehmend zu brauchen schien.

Seither ringt die EU um eine neue Nachbarschafts- und um eine
neue Russlandpolitik. In den 1990er Jahren noch hofften Amerikaner wie Europäer, Russland würde sich demokratisieren und als Partner in die von den USA geführte internationale Ordnung einbinden
lassen. NATO und EU bauten daher um die Jahrtausendwende verschiedene Kooperationsmechanismen mit Russland auf. Die NATO-
Russland-Grundakte von 1997 und die daraus resultierende Einrichtung des NATO-Russland-Rats erlaubte über einige Jahre eine
verlässliche Zusammenarbeit in Sicherheitsfragen. So spielte Russland nach den Terroranschlägen des 11. September 2001 eine wichtige
Rolle für die NATO, um die logistische Versorgung amerikanischer
und europäischer Truppen im Irak und Afghanistan durch den russischen Luftraum sicherzustellen. Einen besonderen Stellenwert in der
Zusammenarbeit hatte neben der Terrorismusbekämpfung und den
Stabilisierungsversuchen im Nahen Osten die Nichtverbreitung von
Kernwaffen. Russland galt nicht mehr als weltpolitischer und ideolo-
gischer Gegner, wie die Sowjetunion es einst war.

Obwohl Russland im August 2008 im Georgienkrieg intervenierte, bauten die EU und Russland in Anerkennung der gegenseitigen Abhängigkeiten und der Vorteile einer kooperativen Nachbarschaft weiter an einer strategischen Partnerschaft. Sie umfasste
unter anderem eine verstärkte Zusammenarbeit in Wirtschaft, Han-

del, Energie und Klima, Forschung, Bildung und Kultur. Die Europäische Union befürwortete nachdrücklich den Beitritt Russlands zur Welthandelsorganisation WTO im Jahr 2012, eine mögliche Freihandelszone von Lissabon bis Wladiwostok wurde offen diskutiert. Doch innere Entwicklungen zeigten, dass sich Russland innenpolitisch anders entwickelte, als die westlichen Partner erwarteten. Der Kreml verschärfte die Kontrolle der Medien, zivilgesellschaftliche Organisationen gerieten unter Druck, Putin-Herausforderer Michail Chodorkowski wurde verhaftet und medienwirksam verurteilt. Deutschland investierte dennoch weiter in die Beziehungen im Rahmen einer bilateralen Modernisierungspartnerschaft – bis Russland 2014 in der Ukraine intervenierte und völkerrechtswidrig Territorium annektierte.

Nicht nur die rechtswidrige Annexion der Krim und die Unterstützung der Separatisten im Donbass sorgten für ein Ende der Annäherungspolitik. Russland weitete seine hybriden Angriffe auf die EU und die östliche Nachbarschaft aus, etwa durch Desinformationskampagnen und Manipulationen von sozialen Medien innerhalb der EU und ihrer östlichen Nachbarschaft. Immer mehr Fälle versuchter Einflussnahme auf Wahlen in der EU und der europäischen Nachbarschaft wurden bekannt. So war die Wahlkampagne von Emmanuel Macron 2017 Ziel russischer Hacking-Versuche und Propagandakampagnen. Die US-Geheimdienste bestätigten derweil, dass sich von Moskau beauftragte Hacker-Gruppen in den US-Wahlkampf 2016 eingemischt hatten, um das Vertrauen in die amerikanische Demokratie zu erschüttern, die demokratische Präsidentschaftskandidatin Hillary Clinton zu verunglimpfen und ihren Rivalen Trump zu stärken. Cyberangriffe russischer Provenienz haben deutlich zugenommen und gelten heute als so großes Sicherheitsrisiko, dass es Teil der Russlandpolitik der EU geworden ist, seine eigene Resilienz gegenüber Cyberangriffen zu stärken und die Abhängigkeit von Energielieferungen zu reduzieren.

Da weder die Europäer noch die Amerikaner Interesse daran haben, in den militärischen Konflikt in der Ukraine hineingezogen zu werden, sanktionieren sie Russland seit 2014 dafür, dass es die territoriale Integrität, Souveränität und Unabhängigkeit der Ukraine angreift. Dazu zählt das Einfrieren von Vermögen, Einreiseverbote in die EU, das Streichen von Finanzierungsmitteln und Ausfuhrsperren für militärische Güter und sensible Technologien, die etwa für die Erdölförderung genutzt werden können. Ein Teil der Sanktionen ist direkt an die Lage im Donbass gebunden worden: Washington und Brüssel werden sie nur dann aufheben, wenn Moskau das Minsker Abkommen zum Konflikt in der Ost-Ukraine erfüllt, das Kiew und die Organisation für Sicherheit und Zusammenarbeit in Europa (OSZE) in den Jahren 2014 und 2015 zur Beilegung und schrittweisen Lösung des Konflikts ausgehandelt haben. Wenig überraschend reagierte Moskau im August 2014 auf die Sanktionen seinerseits mit Einfuhrbeschränkungen und Einreiseverboten. Trotz der gegenseitigen Sanktionen, die nunmehr ins siebte Jahr gehen, ist Russland immer noch der viertwichtigste Handelspartner der EU, die EU sogar der wichtigste Handelspartner Russlands. Das Verhalten Russlands in Bezug auf die Ukraine hat sich nicht nachvollziehbar geändert, die Provokationen gegenüber der EU haben sogar zugenommen.

Seit 2013 änderte sich auch das politisch-institutionelle Verhältnis zu Russland grundlegend. Die zivile und militärische Zusammenarbeit zwischen NATO und Russland wurden suspendiert, der NATO-Russland-Rat trat ab 2014 zwei Jahre lang wegen Uneinigkeit über die Tagesordnung nicht zusammen. Seit 2016 tagt er wieder, um im veränderten europäischen Sicherheitsumfeld ein Mindestmaß an Austausch und Transparenz herzustellen und Risiken zu reduzieren. Russland und die NATO-Partner können sich zumindest hier austauschen über gegenseitige Perzeptionen, geplante Übungen und Ähnliches. 2014 wurde Russland aus der G8 ausgeschlossen, die Gruppe der acht wichtigsten Industrienationen tagt seither als G7. Über einen Beitritt Russlands zur Organisation für Wirtschaftliche Zusammenarbeit und Entwicklung (OECD) und zur Internationalen Energieagentur (IEA) wird nicht mehr verhandelt.

Betrachtet man den Krieg in der Ukraine als Konflikt über Europas Sicherheit, wird klar, dass Dialog und militärische Deeskalation, für die nur Russland sorgen kann, Hand in Hand gehen müssen.

Russland betont, dass die Herstellung des Friedens in der Ukraine nicht seine Verantwortung, sondern die der Ukraine sei, die dortigen Entwicklungen seien das Ergebnis westlicher Intervention. Entsprechend kritisiert der Kreml die westlichen Sanktionen als ungerechtfertigten Angriff auf Russland. Russlands militärische Intervention bei seinem Nachbarn sollte laut Kreml verhindern, dass sich die Ukraine in die westliche Wirtschaftsgemeinschaft und westliche Sicherheitsorganisationen einbindet. Die EU wird als Teil eines von den USA angeführten feindlichen Blocks gesehen, der Russlands Macht einschränken und seine Einflusszonen begrenzen soll, was Putin aus strategischen, politischen und historischen Gründen an Russlands westlicher Peripherie nicht hinnehmen will.

Vor dem Hintergrund dieser gegensätzlichen Narrative ist es eine Herausforderung für die EU, an ihren Prinzipien wie der Selbstbestimmung der östlichen Nachbarn und ihrer territorialen Integrität festzuhalten und gleichzeitig Russland zu signalisieren, dass auch seine Bedrohungswahrnehmung – ohne die von Moskau ergriffenen Maßnahmen auch nur im Ansatz zu akzeptieren – ernst genommen wird. Der ehemalige deutsche Botschafter in Moskau, Rüdiger von Fritsch, empfiehlt in einem Interview mit der *Süddeutschen Zeitung* am 5. November 2020, »die Dinge beim Namen zu nennen und zu erklären, was man als vorwerfbar betrachtet. Und zugleich das Signal auszusenden, dass man ein grundsätzliches Interesse hat, beieinander zu bleiben.« Daher haben auch Dialogformate trotz der stark reduzierten institutionellen Beziehungen grundsätzlich ihren Sinn, solange klar ist, dass die EU nicht dazu bereit ist, dass die »Großen« über die Köpfe der anderen hinweg beschließen, wie die Dinge auszusehen haben. Denn genau das scheint Moskau zu wollen. Allerdings sollte zum jetzigen Zeitpunkt nicht davon ausgegangen werden, dass Russland seine Herangehensweise grundsätzlich ändert – es gilt, zunächst einmal eine schwierige Zeit zu überbrücken.

Auch wenn Moskau dies abstreitet, liegt der Weg zu Frieden in der Ukraine in hohem Maße in den Händen Putins, denn er kann die Unterstützung der Kämpfer im Osten der Ukraine – etwa durch eine Einstellung der Waffenlieferungen – wirksam beenden, Waffen abziehen und dafür sorgen, dass Kiew wieder Kontrolle über sein Territorium erlangt. Doch hat auch Europa eine Rolle zu spielen: Um Frieden in die Ukraine zu bringen, müssen die europäisch-russischen Sicherheitsbeziehungen in einem weiteren Rahmen betrachtet werden. Auf beiden Seiten herrscht derzeit tiefes Misstrauen. So schwer dies angesichts der aggressiven und menschenrechtsverletzenden Politik Moskaus ist, sollten die EU, die NATO und ihre Mitgliedsstaaten inklusive der USA mit Russland die Weiterentwicklung der europäischen Sicherheitsordnung inklusive neuer Rüstungskontrollmaßnahmen auf Grundlage bestehender, gemeinsam vereinbarter Prinzipien prüfen.

Nicht nur in der Ukraine bricht Russland internationales Recht. Menschenrechte und internationale Konventionen verletzt Moskau auch auf europäischem Territorium. Nach der mutmaßlich vom Kreml beauftragten Ermordung eines Tschetschenen aus Georgien im Berliner Tiergarten am 23. August 2019 belasteten die Vergiftung des wichtigsten russischen Oppositionspolitikers Alexei Nawalny und seine Inhaftierung in einem russischen Straflager im Februar 2021 das Verhältnis. Der Angriff auf Nawalny mit dem Nervengas Nowitschok und zwei Jahre zuvor der versuchte Mordanschlag auf den früheren britisch-russischen Ex-Doppelagenten Sergei Skripal im britischen Salisbury zeigten, wie wenig sich Russland um internationale Konventionen, etwa zur Eindämmung von Chemiewaffen, schert, wenn es auf Ideen kommt, die innen- und außenpolitisch als opportune Machtdemonstration dienen. Die von Russland unterstützte Wahlfälschung in Belarus, das brutale Vorgehen der vom belarussischen Präsidenten Lukaschenko befehligten Sicherheitskräfte gegen die eigene Bevölkerung bis hin zu einer von Russland gedeckten Entführung eines Easyjet-Flugs von Athen nach Vilnius im Mai 2021 führten der EU noch einmal die Abgebrühtheit Putins und Lukaschenkos vor Augen. Die EU musste angesichts dieser Entwicklungen handeln, sonst hätte dies die Glaubwürdigkeit der wertegebundenen Außenpolitik der Gemeinschaft und ihrer Mitglieder untergraben – aus Sicht der europäischen Öffentlichkeit, im transatlantischen Verhältnis und gegenüber anderen Weltregionen. Zudem stünde durch eine ungeahndete Verwendung des verbotenen Nervengases Novitschok die Glaubwürdigkeit internationaler Verpflichtungen auf dem Spiel. Daher verhängte die EU auch in diesem Fall, abgestimmt mit den USA und Kanada, weitere personenbezogene Sanktionen wegen Menschenrechtsverletzungen, die das Umfeld Putins stärker treffen sollen als bisherige Sanktionen. Sie erhöhen für einzelne Russen und bestenfalls Organisationen den Preis russischer Verstöße gegen internationales Recht, Putin werden sie von seiner brutalen Machterhaltungsstrategie allerdings nicht abbringen.

Auch Russlands Engagement im Nahen Osten zwingt Europa und die USA zum Dialog mit Putin. In Syrien haben russische Truppen das Assad-Regime, das seit Jahren Krieg gegen das eigene Volk führt, an der Macht gehalten. In Libyen und anderen Teilen Afrikas ist Russland in Stellvertreterkriege verstrickt, unter denen die Bevölkerung massiv leidet. Moskau hat sich so einen Platz an internationalen Verhandlungstischen erkämpft, in Sachen Nuklear-Abkommen mit dem Iran ist Russland ohnehin ein Partner der drei beteiligten europäischen Regierungen aus Frankreich, Großbritannien und Deutschland sowie der USA und Chinas. Ein selektives Engagement mit Russland suchen die EU und die USA auch im Zuge der Bekämpfung des Klimawandels und in Energiefragen. Faktisch finden also zu den wichtigsten Themen mit Russland Gespräche statt, wie auch der bilaterale Gipfel zwischen Putin und Joe Biden im Juni 2021 zeigte.

Ein zentrales Thema für einen strategischen Dialog mit Russland sollte das Verhältnis zu China sein. Moskau und Peking kooperieren im Rahmen der Shanghaier Organisation für Zusammenarbeit in Sicherheits-, Wirtschafts- und Handelsfragen, arbeiten in Energiefragen zusammen, planen transsibirische Infrastrukturprojekte und tragen gemeinsame Militärübungen im Kaukasus, in Zentralasien, im Indischen Ozean oder im Südchinesischen Meer aus. Auch wenn beide das Ziel eint, den Westen zu schwächen, sieht die Kooperation eher nach einer taktischen Zusammenarbeit aus als nach einer strategischen Allianz. Die Tatsache, dass Russland der absolute Juniorpartner im Verhältnis zu China ist und immer sein wird, dürfte Putin vorsichtig sein lassen, denn wenn China sein Machtpotenzial ausspielt, kann es Russland leicht instrumentalisieren.

Aus europäischer Sicht wäre eine Allianz der autoritären Staaten China und Russland, die die europäischen Demokratien und die westliche Zusammenarbeit unterminiert, eine große Gefahr. Noch ist nicht entschieden, wie sich Russland im Dreieck Europa – USA – China positioniert – und je nachdem, wie die Entscheidung ausfällt, beeinflusst dies Russlands Position in der europäischen Sicherheitsordnung maßgeblich. Umso wichtiger ist ein Dialog mit Russland, der eine möglichst friedliche und konstruktive Koexistenz zwischen Russland, der EU und den Staaten der östlichen Nachbarschaft aufzeigt – ohne hierbei China schon mit am Tisch zu haben. Während die EU an der Umsetzung des Minsk-Protokolls zum Donbass weiter festhalten sollte, ist es nicht sinnvoll, ein Abweichen Moskaus von der harten Linie gegenüber der eigenen Bevölkerung und Zivilgesellschaft vorauszusetzen.

Im Kreis der EU-Mitgliedsstaaten sind diese Abwägungsfragen umstritten. Deutschland und Frankreich befürworten einen Dialog mit Russland. Nicht zufällig haben beide Regierungen mit Russland und der Ukraine im sogenannten Normandie-Format seit 2014 über eine Beilegung des Konflikts in der Ukraine verhandelt. In jüngerer Zeit hat Präsident Macron einen sogenannten Reset mit Russland vorgeschlagen, wobei er weniger die Konfliktpunkte mit Russland in den Blick nahm, sondern vielmehr die geopolitische Sicht auf Russlands Lage zwischen Europa und China. Deutschland hält nach wie vor an Wirtschafts- und Energiebeziehungen mit Russland fest, wie der Weiterbau der höchst umstrittenen Ostsee-Pipeline Nordstream 2 zeigt. Aus deutscher Sicht, anders als aus Sicht vieler europäischer Partner und der USA, unterminiert diese Zusammenarbeit nicht die einerseits harte Haltung gegenüber Russland in Sachen Ukraine, Menschenrechtsverletzungen oder Interventionen in innere Angelegenheiten der EU und ihrer Mitgliedsstaaten. Diese sollen aus deutscher und französischer Sicht weiter sanktioniert werden. Ähnlich wie Deutschland verfügt auch Italien über enge Wirtschafts- und Handelsbeziehungen zu Russland – weshalb Rom in den letzten Jahren gegenüber weiteren Sanktionen gegen Moskau grundsätzlich eher skeptisch eingestellt war, um die Erholung der eigenen gebeutelten Wirtschaft nicht zusätzlich zu belasten. Ungarn biedert sich dem Putin-Regime an und gilt als Einfallstor russischer Interessen in der EU, während etwa die Balten und Polen eine sehr harte und kompromisslose Linie gegenüber Moskau fordern. Zum Schutz ihrer Sicherheitsinteressen haben sie im Rahmen der NATO mit dem Beschluss des Warschau-Gipfels 2016 durchgesetzt, dass rotierend Truppen in Bataillonsstärke in Polen und im Baltikum ein deutliches Abschreckungssignal an Russland senden.

Die Europäische Union muss sich bei der Weiterentwicklung ihrer Russlandstrategie darauf einstellen, dass Russland weiter provozieren und intervenieren wird, militärisch wie in der Ukraine, aber auch verdeckt innerhalb der EU mit hybriden Angriffen. Daher geht es vor allem darum, Russland als Störfaktor im Inneren, aber auch in der Nachbarschaft und in Regionen wie dem Nahen und Mittleren Osten, die für Europas Sicherheit relevant sind, einzudämmen. Nicht auszuschließen ist, dass Moskau gemeinsam mit Peking testet, wie schnell und hart die Reaktionsbereitschaft der westlichen Alliierten wirklich ist – etwa durch gleichzeitige hybride oder auch konventionelle Interventionen gegenüber Taiwan und in der östlichen Nachbarschaft der EU. Derartige Szenarien zeigen, wie wichtig neben einer intensiven EU-internen Abstimmung auch die transatlantische Zusammenarbeit ist, die die USA in Bezug auf Russland aktiv einfordern sollte.

Über die innere Entwicklung Russlands sollte sich die EU keine Illusionen machen. Eine Verfassungsänderung aus dem Jahr 2020, die die mögliche Amtszeit des Präsidenten verlängert und dem russischen Recht Vorrang vor von Russland ratifizierten internationalen Abkommen und internationalen Gerichtsentscheidungen einräumt, hat die Chancen auf eine konstruktive Zusammenarbeit mit Russland vorerst weiter verringert. Der Zustand der Rechtsstaatlichkeit und der Korruption in Russland ist besorgniserregend und verschlimmert sich, je mehr der innenpolitische Druck auf Putin steigt. Angesichts von Wahlen, innerrussischen Schwierigkeiten und einer maroden Wirtschaftslage ist es eher wahrscheinlich, dass Putin noch unterdrückerischer mit dem umgeht, was von der Opposition, Zivilgesellschaft und Medien bleibt, und Russlands Außen- und Sicherheitspolitik einzig für seinen Machtausbau und innenpolitischen Machterhalt einsetzt. Heute können zivilgesellschaftliche Organisationen aus dem politischen Westen kaum mehr mit russischen Partnern kooperieren, geschweige denn im Land arbeiten. Wo überhaupt noch möglich, sollten daher die EU und nationale Regierungen Kontakte mit russischen Unternehmen, Nicht-Regierungsvertretern, Kulturschaffenden, Akademikern und Journalisten pflegen, für den Fall, dass eine Phase anbricht, in der das Verhältnis auf eine neue Grundlage gestellt werden kann.

Die Migrationskrise und Europas Grenzen

Während die Auswirkungen der Finanzkrise nachhallten und im Osten der Ukraine ein europäischer Krieg Tausende Todesopfer forderte, entfaltete sich 2015 in Europa eine Flüchtlings- und Migrationskrise. Die Verschärfung des Kriegs in Syrien, in dem Russland längst seine Finger auf Seiten des Assad-Regimes im Spiel hatte, der Nahrungsmittelmangel in Flüchtlingscamps um Syrien herum und die zunehmenden Gefahren im Krisenbogen von Syrien bis Afghanistan zwangen Millionen Menschen zur Flucht.

Entsprechend dominierte die Migrationskrise im Sommer und Herbst 2015 monatelang das politische Tagesgeschehen in der EU: Hunderttausende bürgerkriegsgeplagte Syrer drängten in die EU, viele über das Meer aus der Türkei in Richtung griechische Inseln. Der Tod Tausender Menschen bei der Überquerung des Mittelmeers bestürzte die Öffentlichkeit, ganz besonders die am Strand von Bodrum angespülte Leiche des dreijährigen syrischen Jungen Alan Kurdi sorgte für Entsetzen. Aufgrund des noch nicht einmal zehn Kilometer langen Seewegs aus der Türkei wurden die griechischen Inseln, insbesondere Lesbos, zu einer wichtigen Anlaufstelle und zum Symbol für das Flüchtlingsdrama. Im Juli 2015 kamen täglich rund 1000 Menschen auf Lesbos an, die meisten auf überladenen und selten seetauglichen Schlauchbooten. Die Bevölkerung der Mittelmeerinsel wuchs durch die Fluchtmigration phasenweise um mehr als ein Fünftel an. Trotz aller Überlastung, die das bedeutete, halfen viele Einwohner mit dem, was sie hatten.

Zum Symbol der Überlastung wurde das Flüchtlingscamp Moria. Stück für Stück war das auf 3000 Menschen ausgerichtete Lager gewachsen, als Griechenland die Flüchtlinge nicht mehr automatisch auf das Festland und damit auf den Weg in andere EU-Staaten brachte. Zeitweilig beherbergte es über 19000 Bewohner in menschenunwürdigen Umständen, bevor es im Winter 2020 abbrannte. Moria wurde zum beschämenden Beispiel dafür, was passiert, wenn die EU zu lange abwartet und eine europäische Herausforderung als nationales oder gar lokales Problem links liegen lässt.

Weniger Aufmerksamkeit bekamen anfangs die Flüchtlingsbewegungen aus Griechenland auf den Balkan und von dort nach West- oder Nordeuropa – bis Ungarn und ein Jahr später Slowenien und dann Kroatien, Serbien und Mazedonien begannen, ihre Grenzen zu schließen. An den europäischen Außengrenzen, etwa in Bulgarien und Ungarn, wurden meterhohe Zäune errichtet. Das Flüchtlingslager Idomeni in Nordgriechenland, das entstand, als die Grenze zur benachbarten Republik Nordmazedonien – damals hieß es noch Mazedonien – geschlossen wurde, entwickelte sich zum Ort tiefster Hoffnungslosigkeit. Der Versuch, die Balkanroute abzuriegeln, gelang im Norden, also in Ungarn und Kroatien, nicht aber an den südlichen Eingängen. Ein Rückstau von etwa 10000 gestrandeten Geflüchteten und Migranten bildete sich so in Serbien und Nordmazedonien. Beide Staaten saßen in der Falle der Politik ihrer EU-Nachbarstaaten und kopierten die Herangehensweise von Ungarn und anderen Ländern: Sie änderten ihre Asylgesetzgebung und begannen, die wartenden Menschen – teilweise gewaltsam – von den Grenzen zurückzudrängen und zu vertreiben.

Die Schutzsuchenden trafen auf eine in der Migrationspolitik zutiefst zerstrittene EU. Das Asylrecht war zwar weit entwickelt, seine Umsetzung funktionierte aber nicht. Kein EU-Staat war trotz vorheriger Warnung, dass die sich verschärfende Lage in Syrien Millionen in die Flucht trieb, ausreichend auf den Umfang der Migrationsbewegung vorbereitet. Fast alle waren logistisch und politisch überfordert, als 2015 mehr als doppelt so viele Syrer in Europa Asyl beantragten als noch im Vorjahr. Hinzu kamen weitere Hunderttausende Flüchtlinge aus dem Irak und Afghanistan, die ebenfalls Schutz in Europa suchten. Um einen weiteren Zustrom aufzuhalten, wurden auch innerhalb der EU unkoordiniert längst abgebaute Grenzen wieder hochgezogen: Deutschland, Österreich, Schweden, Dänemark, Frankreich und andere Staaten führten innerhalb des Schengenraums, in dem seit 1995 ohne Ausweiskontrolle gereist werden darf, temporäre Grenzkontrollen ein. Dies geschah zwar innerhalb des rechtlichen Regelwerks, das zeitweilige Grenzschließungen in Notfällen erlaubt. Doch je länger diese Notmaßnahmen andauerten, desto mehr stellten die Mitgliedsstaaten ein wichtiges Grundprinzip der EU infrage: die Freizügigkeit innerhalb des Binnenmarkts. Viele Beobachter werteten dies als Angriff auf eine der großen praktischen Errungenschaften der Integration und eines ihrer wichtigsten politischen Symbole.

Die Krise legte die Geburtsfehler des Gemeinsamen Europäischen Asylsystems bloß, die die Mitgliedsstaaten der EU jahrelang gekannt, aber nicht behoben hatten. Auch Deutschland hatte über Jahre weggeschaut und sich auf das sogenannte Dublin-System verlassen, demzufolge das Land der ersten Einreise für die Bearbeitung von Asylanträgen zuständig ist. Da die meisten Flüchtlinge auf dem Land- oder Seeweg in die EU kommen, belastet das System die Länder an den EU-Außengrenzen und insbesondere die Mittelmeeranrainer übermäßig. Mittelmeeranrainer wie Italien und Griechenland fühlten sich seit Jahren unter dem Druck wachsender Zahlen von Bootsflüchtlingen allein gelassen mit der humanitären, administrativen und politischen Herausforderung. Vor dieser ungleichen und unfairen Lastenteilung konnten nun auch die Staaten, die von dem System profitierten, nicht mehr die Augen verschließen.

Daher unternahm die Europäische Kommission unter dem Druck der Krise den Versuch, die EU-Migrationspolitik kurzfristig neu aufzustellen. Ein Vorstoß, der mit Pauken und Trompeten scheitern sollte. Im Mai 2015 kündigte sie an, 40 000 Asylsuchende von den Grenzstaaten auf Grundlage freiwilliger Zusagen innerhalb der EU umzuverteilen. Im September des gleichen Jahres schlug sie mit breiter Zustimmung des EU-Parlaments die weitere Aufstockung dieser Umverteilungsregelung um 120 000 Asylsuchende nach festen Quoten vor. Nach Wochen größter Streitigkeiten zwischen Befürwortern und Gegnern der Umverteilung billigte der Ministerrat mit qualifizierter Mehrheit im September 2015 die Vorschläge, gegen die Stimmen von Rumänien, der Slowakei, Tschechien und Ungarn. Er stimmte damit erstmalig einem quotenbasierten Verteilungsmechanismus zu, gestützt auf eine Art Notfallkompetenz des Rates im EU-Vertrag. Für die Verteilung sollen besonders schutzbedürftige Personen aus Herkunftsländern ausgewählt werden mit Anerkennungsquoten bei Asylanträgen von mindestens 75 Prozent, was etwa auf Syrien und Eritrea zutrifft. Was nach langen Verhandlungen zunächst wie ein Durchbruch aussah, wurde bald darauf entlarvt: Die Staaten, die gegen den Mechanismus waren und überstimmt wurden, weigerten sich, ihn anzuwenden. Damit hatte die Entscheidung keinen Wert – führte der EU aber schmerzhaft vor Augen, dass überstimmte Minderheiten zumindest in der Migrationspolitik nicht mehr bereit waren, Mehrheitsentscheidungen als legitim anzuerkennen.

Mehr politischen Rückhalt genossen all diejenigen Maßnahmen, die die Anzahl der Flüchtlinge auf EU-Territorium reduzieren sollen. Dazu dient insbesondere die neue Europäische Grenz- und Küstenwache, zu der die bereits existierende Frontex-Agentur im Oktober 2016 unter gleich bleibendem Namen weiterentwickelt wurde. Frontex kann europäische Grenzschutz- und Küstenwache-Teams einsetzen und überwacht Migrationsbewegungen in die EU und innerhalb der EU. Dabei ist sie allerdings davon abhängig, dass die Mitgliedstaaten, auf deren Territorium sie operiert, sie dazu auffordern.

Gleichzeitig soll die Rückführung illegal aufhältiger Drittstaatsangehöriger besser organisiert werden. Dazu beitragen sollen standardisierte europäische Reisedokumente und vor allem die 2015 beschlossenen sogenannten Hotspots: Diese von Grenzschutzbeamten der Mitgliedstaaten, Mitarbeitern von Europol und vom EU-Asylunterstützungsbüro betriebenen Registrierungszentren in Italien und Griechenland sollten frühzeitig erkennen, wer nicht schutzbedürftig ist, und eine schnelle Rückkehr von abgelehnten Asylbewerbern ermöglichen. Der Versuch, Ordnung in Registrierung, Asylantragstellung, Entscheidungsfindung und Rückkehr zu bringen, hat bislang allerdings lediglich in Italien funktioniert.

Maßgeblich für die Reduzierung der nach Europa strebenden Migranten war der EU-Türkei-Deal, der im März 2016 geschlossen wurde, knapp einen Monat nach den chaotischen Szenen um Idomeni an der griechisch-nordmazedonischen Grenze, wo Tausende Flüchtlinge festsaßen. Als er in Kraft trat, sank die Zahl der ankommenden Flüchtlinge und die Anzahl der Todesfälle in der Ägäis deutlich. Die Türkei erklärte sich zur Rücknahme der irregulär auf den griechischen Inseln ankommenden Migranten unter Wahrung von EU- und Völkerrecht bereit und versprach ein verstärktes Vorgehen gegen Schleuser. Im Gegenzug sagte die EU ihr 3 Milliarden Euro für die Unterbringung syrischer Flüchtlinge in der Türkei zu, später wurden es 6 Milliarden Euro. Für jeden Syrer, der in die Türkei zurückgeführt wurde, wollten die EU-Mitgliedstaaten mit dem sogenannten 1:1-Mechanismus einen anderen, bereits vom UNHCR anerkannten schutzberechtigten Syrer aus der Türkei aufnehmen. Der EU-Türkei-Deal reduzierte wie erwartet den Migrationsdruck auf die EU in einer politisch heiklen Phase. Er unterstreicht aber gleichzeitig, wie abhängig die EU gegenüber einem Land wie der Türkei ist, wenn die Mitgliedstaaten sich auf keinen Konsens verständigen können. Dementsprechend gab der Deal dem türkischen Präsidenten Recep Tayyip Erdoğan ein Druckmittel in die Hand, das er seither regelmäßig einsetzt.

Anfang 2020 standen Tausende Flüchtlinge an der türkisch-griechischen Grenze und versuchten, einen Weg in die Europäische Union zu finden. Erdoğan kündigte im Februar an, die Grenzen nach Europa zu öffnen, da die EU ihre Zusagen nicht eingehalten habe und die Türkei überfordert sei. In der Vergangenheit hatte er der EU bereits des Öfteren gedroht. Die Grenzen wurden zwar nicht geöffnet, aber er erreichte, dass die Kritik der EU an den politischen Problemen in der Türkei abflaute.

Die EU hat seit Inkrafttreten des EU-Türkei-Deals mit etwa 28 000 Flüchtlingen, von denen Deutschland 10 000 aufnahm, tatsächlich deutlich weniger als die Hälfte der 72 000 zugesagten Menschen in europäische Länder umgesiedelt. Da die Mittel- und Osteuropäer sich weigerten, Flüchtlinge aufzunehmen, verzögerten auch eigentlich aufnahmewillige Länder die Umsiedlung. Derzeit werden etwa 3,6 Millionen Flüchtlinge aus Syrien in der Türkei beherbergt. Manche dürfen arbeiten, viele ihrer Kinder gehen zur Schule. Erdoğan wollte dafür von der EU mehr Geld, und er forderte noch etwas ganz anderes: Unterstützung für das Vorgehen der Türkei in Syrien. Ein großer Teil Nordsyriens untersteht mittlerweile der Türkei. Die von der Regierung in Ankara Schutzzonen genannten Gebiete, die die türkische Armee nach dem Rückzug der USA im Herbst 2019 besetzte, wirken wie eine türkische Provinz. Der türkische Präsident will hier möglichst viele der 3,6 Millionen syrischen Flüchtlinge, die jetzt in der Türkei leben, ansiedeln, um entlang der türkisch-syrischen Grenze eine Pufferzone entstehen zu lassen.

Erdoğans Versuch, die Flüchtlinge und Migranten in großen Zahlen in die EU übertreten zu lassen, wurde von Seiten Griechenlands durch eine rigorose Grenzschließung gestoppt. Während Ankara prahlte, dass 130 000 Flüchtlinge den Weg nach Europa geschafft hätten, lobte die EU-Kommissionspräsidentin Ursula von der Leyen Griechenland als »Schutzschild Europas«. Dies hat seinen Preis: Hässliche Bilder von gewaltsamen illegalen Pushbacks machten die Runde. Griechenland unterbrach eigenmächtig das Recht auf Asylantragstellung – ein rechtlich zumindest fragwürdiges, wenn nicht gar illegales Vorgehen, denn eine Zustimmung der Europäischen

Kommission wäre nötig gewesen. Ankara erhielt derweil mehr Geld. Bundeskanzlerin Merkel erklärte sich bereit, den Bau von Flüchtlingsunterkünften in der türkisch besetzten Zone Syriens zu fördern und machte damit ein großes Zugeständnis an Erdoğan und seine Syrienpolitik.

Die Migrationskrise wirft ein helles Licht auf das Verhältnis der EU zur Türkei. Mit dem EU-Türkei-Deal versprach Brüssel, die Annäherung zwischen der Türkei und der EU voranzubringen. Doch dies geschah aus verschiedenen Gründen nicht. Der Plan, die Visumspflicht für türkische Bürger aufzuheben, scheiterte, da die Türkei rechtsstaatliche Bedingungen nicht erfüllte. Ein Beitritt der Türkei ist wegen der Rückentwicklung der Rechtsstaatlichkeit in weite Ferne gerückt. In ihrem Länderbericht vom Oktober 2020 erkennt die Kommission zwar Erfolge der Zusammenarbeit in der Migrationspolitik an, konstatiert jedoch zugleich gravierende Rückschritte bei der Einhaltung der Menschenrechte oder dem Justizsystem. Einige EU-Staaten schließen angesichts des nicht beigelegten Zypern-Konflikts einen Beitritt der Türkei ohnehin aus. Darüber hinaus provoziert die Türkei Griechenland durch illegale und nicht abgestimmte Bohraktivitäten im östlichen Mittelmeer, in einer Region, in der es unterschiedliche Auffassungen über die Besitzansprüche an eventuelle Erdgasvorkommen gibt. Die EU verhängte im November 2019 einen Sanktionsrahmen gegen an Bohraktivitäten beteiligte Personen und Entitäten. Der Europäische Rat forderte in seinen Schlussfolgerungen vom 10./11. Dezember 2020 die Türkei zur raschen Wiederaufnahme direkter Sondierungsgespräche mit Griechenland auf und bekräftigt das strategische Interesse der EU an einer kooperativen und für beide Seiten nutzbringenden Beziehung zur Türkei. Doch wenn man die inneren Entwicklungen in der Türkei und ihr Wirken in der europäischen Nachbarschaft betrachtet, wird deutlich: Die Türkei entfernt sich immer weiter von der EU. Frankreich hat in seiner Verfassung ein Referendum über weitere Beitritte verankert, das die Ratifizierung des Beitritts deutlich erschwert. Doch gleichzeitig ist die EU aufgrund der Instabilität im Nahen und Mittleren Osten und der daraus resultierenden Wanderungsbewegungen abhängig von Kooperationen mit der Türkei wie selten zuvor.

Die Türkei wiederum fühlt sich in ihrem eigenen Sicherheitsempfinden häufig von Europa ignoriert. Durch die NATO sind viele EU-Mitgliedsstaaten seit Jahren mit der Türkei militärisch verbündet – aber Ankara stellt den Wert des transatlantischen Bündnisses für die eigene nationale Sicherheit zunehmend infrage. So hat die Türkei sich in den vergangenen Jahren wiederholt auf Artikel 4 des NATO-Vertrags berufen, um mit ihren Verbündeten über ein Überschwappen des Syrien-Kriegs auf das eigene Territorium zu beraten – mit wenig Erfolg. Das ist für Erdoğan ein Grund, wenn auch nicht der einzige, um heute Krieg in seiner Nachbarschaft zu führen und offen an einer vertieften Militärkooperation mit Russland zu basteln. Diese Entfremdung der Türkei von ihren europäischen Partnern stellt die NATO – den Pfeiler der transatlantischen Sicherheit – vor eine große Belastungsprobe.

Derweil ringt die EU weiter um eine gemeinsame Migrationspolitik. Am 23. September 2020 präsentierte die Kommission ein Migrations- und Asylpaket, das als vorläufig letzter Versuch gilt, alle EU-Mitgliedsstaaten am Verhandlungstisch zu behalten. Der Pakt basiert auf »Solidarität à la carte«: Die Regierungen können sich aussuchen, in welcher Form sie an der gemeinsamen Migrations- und Asylpolitik mitwirken. Einige Mitgliedsstaaten würden demnach weiterhin ihren Anteil an Asylbewerbern aufnehmen, andere würden Verantwortung für den Außengrenzschutz oder auch die Zurückführung von abgelehnten Asylbewerbern übernehmen. Der Pakt orientiert sich an den ideologischen und politischen Realitäten in den Mitgliedsstaaten. Zudem arbeitet die EU an einer weiteren Verschärfung der Kontrollen an den EU-Außengrenzen und einer verbesserten Überwachung der Einreisen. Zu einem der umstrittenen Ziele der europäischen Migrationsagenda gehört auch die Erstellung einer gemeinsamen europäischen Liste sicherer Herkunftsstaaten. So sollen Asylanträge von Staatsangehörigen aus EU-weit als nicht »sicher« geltenden Staaten beschleunigt werden. Bis heute wird dies auf nationaler Ebene festgelegt und nicht untereinander abgestimmt, eine Einigung dürfte noch auf sich warten lassen.

Die Migrationskrise zeigt, wenn auch auf eine ganz andere Art als die Krisen in der Währungsunion, wie fragil die Errungenschaften der Integration sind. Nach Jahrzehnten der Freizügigkeit kam es zu Grenzziehungen im Inneren der Gemeinschaft, weil es der EU aufgrund halbherziger Versuche in der Vergangenheit nicht gelungen war, ein funktionierendes Asylsystem inklusive der nötigen Kontrollen an den Außengrenzen aufzubauen.

Die Ausweitung des Grenzschutzes als Reaktion auf die Flüchtlingskrise war ein wichtiger Fortschritt, doch er ging nicht mit dem Aufbau der nötigen Kontrollmechanismen einher: Die Europäische Union muss sich daher die Frage gefallen lassen, ob ihre Migrationspolitik den EU-eigenen humanitären Ansprüchen genügt. Zweifel bestehen am EU-Türkei-Deal und der Arbeit der gestärkten Frontex-Agentur, der die illegalen Zurückweisungen von Flüchtlingsbooten in der griechischen Ägäis vorgeworfen wird. Die EU bleibt damit unter Beobachtung und Dauerkritik, dass ihre härtere Zuwanderungskontrolle humanitären Grundsätzen nicht genügt. Das UN-Flüchtlingshilfswerk hat bereits eine bessere Überwachung möglicher Menschenrechtsverletzungen gefordert.

Das Jahr 2015 wurde zum ernst zu nehmenden Test für den Zusammenhalt und die Arbeitsfähigkeit der EU. Die Migrationskrise wühlte Emotionen auf, von tiefster Ablehnung bis zu überbordender Hilfsbereitschaft. Die öffentliche Meinung schwankte zwischen Solidarität und dem Wunsch nach Abschottung, die Politik war mal hü, mal hott im Versuch, durch nationale und europäische Maßnahmen die Krise in den Griff zu bekommen. Zwischen den Mitgliedsstaaten taten sich tiefe Gräben auf. Die EU wurden in Migrations- und Schutzfragen zeitweilig handlungsunfähig. Die Migrationskrise belastete die Beziehungen der nationalen Hauptstädte zu Brüssel sehr. Diplomaten berichteten über Spannungen in EU-Gremien, die teilweise nichts mit Migrationsfragen zu tun hatten. So wurde die EU zu einer Zeit zusätzlich belastet, in der sie bereits der Brexit erschütterte.

Überdies wurde klar, wie wenig große Teile der Bevölkerung den politischen Eliten in der Bewertung der Einwanderung nach Europa folgten. In einer 2017 von dem britischen Thinktank Chatham House durchgeführten Umfrage hielt nur ein Viertel der befragten Bevölkerung Migration für gut für ihr Land. Mehr als die Hälfte sah Zuwanderung als Belastung für das Sozialwesen und als Faktor, der die Kriminalität nach oben treibt. Im krassen Gegensatz dazu stand die Einschätzung der ebenso befragten politischen Entscheidungsträger: Eine klare Mehrheit bewertete Zuwanderung als gut und kulturell bereichernd für ihr Land und verneinte, dass sich die Kriminalität aufgrund der Zuwanderer verschlimmert hätte oder dass Zuwanderer der einheimischen Bevölkerung Arbeitsplätze wegnehmen würden. Ebenso unterschiedlich fielen die Auffassungen zur muslimischen Migration auf: Mehr als die Hälfte der Elite und lediglich ein Fünftel der Bevölkerung unterstützten weitere Immigration von Muslimen und hielten die islamische und die europäische Lebensweise für vereinbar. Dabei klaffen die eigene Wahrnehmung und die Wirklichkeit teils stark auseinander. Eine Umfrage des Marktforschungsunternehmens IPSOS aus dem Jahr 2016 zeigte, dass Europäer den Anteil von Muslimen an der eigenen Bevölkerung in einigen Staaten um mehr als fünfmal zu hoch einschätzen. Populisten griffen während und nach der Migrationskrise die Ängste und Sorgen der Bevölkerung auf, auch dort, wo kaum Flüchtlinge ankamen. Zurück bleibt eine größere politische und gesellschaftliche Spaltung mit extremeren Meinungen sowohl im linken als auch im rechten politischen Spektrum. Die Migrationsdebatte ist giftiger und weniger pragmatisch geworden, und weil sie so schwierig ist, wächst die Tendenz, sie zu vermeiden. So scheut sich die politische Mitte in vielen Staaten, über Migrationsthemen zu reden, aus Sorge, dass dies Populisten stärken könnte. Auch Integration wird zu wenig debattiert. In Europa gibt es eine wachsende Parallelgesellschaft von Menschen ohne legalen Status, die hier nicht willkommen sind, aber auch nicht zurückkehren können. Eine verlorene Generation entsteht, wenn an Integration nicht viel wirksamer gearbeitet wird.

Vor den kommenden Problemen verschließen die nationalen Entscheidungsträger umso mehr die Augen: Es werden in Zukunft viel mehr Menschen in Richtung Europa strömen. Neben den vielen Konflikten in unserer Nachbarschaft ist der Haupttreiber der Klimawandel. Schon heute wirkt er sich massiv auf Siedlungs- und Wirtschaftsräume aus. Extremwetterereignisse und Naturkatastrophen werden in Zukunft noch öfter und heftiger auftreten und der Meeresspiegel wird weiter ansteigen. Das wird Menschenmassen in bis dato unbekanntem Ausmaß bewegen.

Derweil bleibt die Migrations- und Asylpolitik eine offene Flanke der EU. Der 2020 vorgeschlagene Pakt hat trotz aller Flexibilität keine großen Realisierungschancen, denn die Interessen der Transitländer, der Aufnahmestaaten und der nicht betroffenen Mitglieder liegen weit auseinander. Die Verteilung der Schutzbedürftigen und die Rückkehr der nicht Schutzbedürftigen dürften weiter ungelöst bleiben. Es wäre folgenschwer, wenn das Migrationsthema von der Agenda der Von-der-Leyen-Kommission rutscht, weil jetzt politischer Fortschritt kaum erreichbar ist und viele unmittelbar drängende Probleme, wie etwa die Pandemie, Europas Technologiewettlauf mit China und den USA oder auch die Bekämpfung der Klimakrise, die Aufmerksamkeit binden.

Wenn der Migrationsdruck steigt, braucht die EU dringend eine gemeinsame und umfassende Migrations- und Asylpolitik und einen stärkeren Schutz der Außengrenzen sowie weitere Abkommen mit Pufferstaaten – sonst fällt die mühsam erarbeitete Entgrenzung innerhalb der Gemeinschaft. Der politische Streit zwischen den Mitgliedsstaaten dürfte ungeahnte Ausmaße erreichen und droht zu menschenunwürdigen Situationen zu führen. So könnte die Europäische Union zu einem der Orte auf der Welt werden, wo die Genfer Flüchtlingskonvention von 1951 immer weniger Anwendung findet. Dies würde der EU als normativer Macht für die Gewährleistung von Demokratie, Rechtsstaatlichkeit und Menschenrechten erheblichen Schaden zufügen. Zudem muss die EU darauf achten, dass sie sich nicht weiter erpressbar macht durch Länder an Europas Rändern. Dies betrifft nicht nur die Türkei, sondern auch

Libyen, Marokko, Ägypten und zunehmend auch Tunesien. Wachsende Abhängigkeiten, aber auch der Reputationsverlust der EU durch menschenunwürdige Maßnahmen zur Zurückdrängung von Flüchtlingen schaden der EU in anderen außenpolitischen Belangen, in ihrem Handlungsspielraum, aber auch in der Glaubwürdigkeit ihrer Menschenrechtspolitik gegenüber China und Russland.

Der Brexit

Der größte Knall im Krisenjahrzehnt erschütterte die Europäische Union am 23. Juni 2016. Im Brexit-Referendum stimmte eine knappe Mehrheit der Briten für den Austritt des Vereinigten Königreichs aus der Europäischen Union. Am 1. Januar 2020 trat Großbritannien aus der EU aus.

Die EU verlor ihren drittgrößten Staat, ihre drittgrößte Volkswirtschaft und ein sicherheits-, verteidigungs- und außenpolitisch hochrelevantes Land – gerade in dem Moment, in dem Europa nach einer größeren internationalen Rolle strebt. Großbritannien ist Atommacht, hat einen ständigen Sitz im UN-Sicherheitsrat und genießt außenpolitisch ein hohes Ansehen, es verfügt über breite diplomatische Kompetenz und weltweite Präsenz. Deutschland verlor zudem einen verlässlichen Gestaltungspartner in wirtschaftspolitischen Belangen.

Mehr als ein halbes Jahrzehnt hatten die Brexiteers in der konservativen Partei hart um ein Referendum gekämpft. Befeuert wurden sie durch die Konkurrenz der rechtspopulistischen UK Independence Party UKIP, deren Hauptziele der Brexit und eine deutliche Reduzierung der Zuwanderung waren. In seinem lilafarbenen Doppeldeckerbus hatte Parteiführer Nigel Farage mit Halbwahrheiten gehässig die Stimmung gegen die EU aufgeheizt – mit Erfolg. Bei den Europawahlen 2014 schnitt die UKIP unter den britischen Wählern als stärkste Partei ab. Zwar war die Wahlbeteiligung sehr niedrig und ihr Ergebnis lag »nur« bei 27 Prozent, denn das Europaparlament interessierte in Großbritannien wenig. Doch der politische Schock saß tief.

Unter diesem Druck hatte der konservative Premierminister David Cameron seinen Wählerinnen und Wählern ein Brexit-Referendum versprochen, sollten sie ihn erneut zum Regierungschef machen. Cameron wurde im Mai 2015 wiedergewählt, doch seine Wette ging ironischerweise nicht auf: Er hatte eine weitere Koalition mit den europafreundlichen Liberaldemokraten erwartet, die ihn vor einem Referendum bewahrt hätte. Sein Wahlsieg war allerdings so deutlich, dass er allein regieren konnte – und damit um das versprochene Referendum nicht herumkam. In nur vier Jahren war die EU-Skepsis in der britischen Bevölkerung deutlich gewachsen. Noch im Oktober 2011 war eine Gruppe konservativer Abgeordneter mit dem Versuch gescheitert, im britischen Unterhaus ein Referendum zu erzwingen. Nun konnte der Premier nicht mehr zurückrudern.

Als Großbritannien 1973 nach zwei Anläufen den Europäischen Gemeinschaften beitrat, verfolgte es vor allem wirtschaftliche Interessen. Mit seiner schwächelnden Konjunktur galt es als »kranker Mann« Europas, und die britische Regierung wollte dringend Zugang zum immer weiter zusammenwachsenden europäischen Markt. Gut drei Jahrzehnte ging die Sache gut: Großbritannien betrieb gemeinsam mit Deutschland und einigen anderen EU-Staaten die Vertiefung des Binnenmarkts. 1991 unterstützte es den ersten umfassenden Vertrag seit den 1950er Jahren, der die Integration maßgeblich voranbrachte: Der Vertrag von Maastricht schuf aus den bestehenden Europäischen Gemeinschaften die Europäische Union und zeichnete den Weg zur Europäischen Währungsunion vor. London verhandelte hierfür zwar zunächst die Sonderregelung, nicht dabei sein zu müssen, wollte proportional weniger Geld als andere Staaten in das EU-Budget zahlen. Es verweigerte stur Integrationsschritte im außenpolitischen und Verteidigungsbereich, die die nationale Souveränität weiter einschränkten. In anderen Hinsichten war es aber geradezu ein europäischer Musterschüler: Wenn es um die fristgerechte Umsetzung von EU-Normen in nationales Recht ging, lag es systematisch vor Berlin und vielen anderen Hauptstädten, die sich in anderen Belangen als überzeugte Europäer positionierten.

Großbritannien befürwortete darüber hinaus entschieden die Osterweiterung der EU im Jahr 2004. Es stach dadurch hervor, dass es mit Irland und Schweden und anders als alle anderen EU-Staaten die Freizügigkeit der neuen EU-Bürgerinnen und Bürger nicht für eine Übergangszeit beschränkte, sondern Arbeitskräfte aus den neuen Mitgliedsstaaten mit dem Beitritt sofort im eigenen Land arbeiten ließ. So zogen Schätzungen der britischen Regierung zufolge ab 2004 rund eine Million Polen in das Vereinigte Königreich.

Doch im Zuge der europäischen Banken- und Schuldenkrise wurde der Blick der Briten auf die Europäische Union angesichts der Krisenmeldungen aus Griechenland, Irland, Spanien und anderen Staaten zunehmend kritisch. Während Premier Cameron eine harte Sparpolitik umsetzte, hatten die Briten wenig Verständnis, dass Eurozonenstaaten milliardenschwere Hilfsprogramme brauchten. Ein möglicherweise kollabierender Euro wurde in der öffentlichen Diskussion zur großen Gefahr für das Vereinigte Königreich hochstilisiert. Immer mehr britische Politiker blickten geringschätzig auf die EU, auch weil Rechtspopulisten und Nationalisten in einigen EU-Staaten auf dem Vormarsch waren. Mitunter war gar das Argument zu hören, Großbritannien zeichne sich unter den EU-Mitgliedsstaaten dadurch aus, dass es anders als andere im 20. Jahrhundert nie dem Totalitarismus verfallen oder besetzt worden war. Anders als Deutschland, Frankreich, Italien oder Spanien bräuchte das Vereinigte Königreich die EU nicht, um seine Demokratie zu sichern. Obwohl dies eher Einzelstimmen waren, entsetzte diese provozierende Verkürzung der Gründe, warum die Gemeinschaft entstanden war, viele EU-Europäer.

Unter dem wachsenden Druck der EU-Kritiker erklärte der Europapragmatiker David Cameron in seiner Kampagne zu seiner Wiederwahl als Premierminister, die EU-Mitgliedschaft des Vereinigten Königreichs brauche eine neue demokratische Legitimation durch ein Referendum. Vorher wollte er mit der EU allerdings die Konditionen der britischen Mitgliedschaft neu verhandeln und für das eigene Land attraktiver machen – und gleichzeitig die EU verändern. Denn auch unter denjenigen in London, die in der Union bleiben wollten, gab es ernüchternde Kritik am Zustand der EU. Camerons Plan sollte am 23. Juni 2016 scheitern.

Vier Bereiche waren in den Nachverhandlungen für Großbritanniens Premier prioritär, um ein neues Narrativ zur britischen EU-Mitgliedschaft zu entwickeln: der Binnenmarkt, Souveränitätsfragen, das Verhältnis von Euro- und Nicht-Eurostaaten und die Migration. Cameron erreichte vor allem symbolische Zugeständnisse: Der Europäische Rat stimmte am 19. Februar 2016 einem Paket für Großbritannien zu, das am Binnenmarkt festhielt, das Vereinigte Königreich nicht mehr auf das in den EU-Verträgen seit 1993 formulierte Ziel der »immer engeren Union« festlegte und es von weiteren Integrationsschritten ausnahm. Eine Veränderung für die EU insgesamt brachte das Abkommen mit der sogenannten »Roten Karte«: einem Vetorecht nationaler Parlamente gegen EU-Beschlüsse, wenn sich mindestens 55 Prozent der nationalen Parlamente gegen eine Gesetzesinitiative der EU entscheiden. Bei der innereuropäischen Migrationskontrolle erfüllte die EU die Erwartungen der britischen EU-Kritiker allerdings nicht: Zwar wurde eine sogenannte »Notbremse« vorgesehen, mit Hilfe deren die Sozialleistungen für eingewanderte EU-Bürger begrenzt werden können. Doch darüber hinaus wurde die Freizügigkeit im Binnenmarkt nicht beschränkt.

Den Briten reichten diese Zugeständnisse nicht. Im Referendum votierten 51,9 Prozent der Wählerinnen und Wähler für den Brexit. Die Wahlbeteiligung war mit 72,2 Prozent nach einem hitzigen emotionalen Wahlkampf hoch. Der Streit über Großbritanniens EU-Mitgliedschaft spaltete Freundeskreise und Familien – und zeigte tiefe Risse in der britischen Gesellschaft auf. Diese verliefen auch zwischen den Regionen: Schotten, Nordiren und Londoner stimmten mit großer Mehrheit für den Verbleib in der EU. Die Brexit-Frage spaltete Jung und Alt: Die 18- bis 25-Jährigen wollten zu über 70 Prozent die weitere EU-Mitgliedschaft, die über 60-Jährigen zu 60 Prozent den Brexit. Und die Gräben verliefen entlang sozialer Schichten: Briten ohne Ausbildungsabschluss und mit geringerem Einkommen stimmten überproportional häufig für den Brexit, während die gut ausgebildete Elite ihre Zukunft in der EU sah.

Der Austritt des Vereinigten Königreichs erfolgte am 1. Januar 2020. Damit begann ein Übergangsjahr, in dem das künftige Verhältnis zur EU ausgehandelt werden sollte. Kurz vor knapp wurde der Deal am 30. Dezember 2020 besiegelt. In der EU machte sich die Haltung breit, dass er zwar misslich ist, aber am Ende Großbritannien mehr leiden wird als die EU.

Das Brexit-Abkommen und der vollständige Austritt am 1. Januar 2021 waren nicht das Ende der Brexit-Geschichte – zumal das Abkommen aus Sicht vieler Kritiker unvollständig oder wenig ambitioniert ist. Die Beziehungen zwischen Großbritannien und der EU werden in den kommenden Jahren erst noch ausgestaltet werden müssen. Das gilt im Detail sogar für die Bereiche, die im Austrittsabkommen eigentlich grundsätzlich geregelt sind, aber einige praktische Fragen offenlassen. Dazu gehören etwa Mobilitätsregeln oder die gegenseitige Anerkennung von beruflichen Qualifikationen.

Auch größere strategische Fragen sind noch nicht beantwortet: Wie effektiv werden die EU und Großbritannien beim Umgang mit globalen Herausforderungen kooperieren? Schaffen sie es, ihr Verhältnis konstruktiv weiterzuentwickeln? Besteht die Gefahr, dass die gute Zusammenarbeit, etwa im Sicherheitsbereich unter den Geheimdiensten, von politischen Streitigkeiten zwischen den Regierungen überlagert wird?

Die britische Regierung braucht für ihre Brexit-Erzählung den Erfolg von »Global Britain«, das seine Souveränität zurückgewonnen hat, und eine EU, auf die sie zumindest eine Weile herunterschauen kann, während sich Großbritannien selbst international beweisen muss. Der G7-Gipfel im britischen Cornwall im Mai 2021 war in dieser Hinsicht für Boris Johnson ein Geschenk, da er sich als Gastgeber der Staats- und Regierungschefs der sieben wichtigsten Demokratien und wirtschaftlich stärksten Staaten profilieren konnte.

Wenn Großbritannien künftig europäisch kooperieren will, wird es in die nationalen Hauptstädte schauen und nicht nach Brüssel. Großbritannien nimmt die EU als außenpolitischen Akteur nicht ernst. Provozierend war etwa die Entscheidung der britischen Regierung, den diplomatischen Vertreter der EU nicht als Botschafter in Großbritannien anzuerkennen. Alle anderen EU-Auslandsvertretungen werden auf der ganzen Welt wie Botschaften von Staaten behandelt – lediglich Donald Trump wertete temporär den Status der EU-Delegation in Washington, D.C., ab. Die Entscheidung zeigte, dass Großbritannien staatsähnliche Elemente der EU auch nach dem Brexit nicht anerkennen möchte, zumal der Europäische Auswärtige Dienst ein wichtiges Instrument ist, um die Interessen der Europäer im Ausland stärker zu vertreten, als ein Mitgliedsstaat dies in den meisten Fällen alleine könnte.

Europäische Politiker schütteln gerne den Kopf über Boris Johnson, den manche als ungehobelten Clown abtun. Wer so verkürzt, wird den Teil des Brexits, der Boris Johnsons Erfolgsgeschichte werden könnte, zum eigenen Nachteil unterschätzen. Das im März 2021 veröffentlichte außen- und sicherheitspolitische Strategiedokument »Global Britain in a Competitive Age« des britischen Premierministers beschreibt Londons Anspruch, die internationale Ordnung und die Globalisierung mitzugestalten. Den Brexit stellt Johnson in diesem Zusammenhang als nötige Antwort auf die bestehen Probleme dar, etwa dass die Globalisierung globale Eliten ohne jede Bodenhaftung hervorgebracht habe. Er argumentiert, dass die politische Rechenschaft erodiert ist und am besten erst einmal zu Hause wiederhergestellt wird, dass unser Wirtschaftssystem neu gedacht und Gewinne gleichmäßiger verteilt werden müssen. In Boris Johnsons Narrativ gibt der Brexit ihm und den Briten, die sich entkoppelt fühlen, eine neue Chance, national und global ihre Interessen zu verfolgen und die ihnen zustehende Anerkennung zu erhalten, nachdem sie Brüssel als Klotz am Bein abgestreift haben. Aus britischer Sicht war die EU-Mitgliedschaft eine Einschränkung von Demokratie, die vom Parlament in Westminster ausgeht und nur dort voll gelebt werden kann. Die Bevölkerung will Johnson mit der Strahlkraft liberaler Werte mobilisieren, die Großbritannien jetzt im Inneren und weltweit mit neuer Kraft verfolgen kann.

Johnsons Erzählung untermauert einen inneren wie internationalen Gestaltungsanspruch, der die Bevölkerung in den Blick nimmt und, ohne die Globalisierung zu verurteilen, doch eine Erdung verspricht, die mit Schutz und eigener internationaler Interessenvertretung einhergeht. Damit stellt er dem momentanen Rückschlag gegen die Globalisierung, mit dem auch die EU kämpft, eine positive Reformerzählung gegenüber. Zwar mag die Idee des »Global Britain« manchem Beobachter als Rückfall ins imperiale Zeitalter erscheinen, doch bemüht Johnson diese Figur, um sein Land als globalen Spieler, der an der Seite der USA und in der NATO zu mutigem und zukunftsgerichtetem Handeln und internationaler Verantwortungsübernahme etwa auch in der Indo-Pazifik-Region bereit ist. Nach Großbritanniens G7-Präsidentschaft nutzt er auch die UN-Klimakonferenz Cop 26 im November 2021 in Glasgow, um seinen globalen Gestaltungsanspruch zu belegen. Damit ist er der erste Europäer, der nach der Corona-Krise ein Aufbruchsnarrativ anbietet und ein starkes Plädoyer für internationale Öffnung und Kooperation hält.

Die Europäische Union sollte sich diese Erzählung genau anschauen und sich nicht allein darauf beschränken, ihr Gegennarrativ zum Brexit zu schärfen, nämlich dass die EU sehr wohl von Vorteil für ihre Mitgliedsstaaten ist und europäische Interessen in der Welt gemeinsam besser vertreten kann. Johnsons Erzählung ist natürlich eine sehr britische, die er aus der Geschichte, der Verfassungstradition, der politischen Kultur und der komparativen Stärke des Vereinigten Königreichs entwickelt. Und doch steckt in ihr Tragfähiges für die EU. Um ihren Anspruch in der neuen Welt prägnanter nach innen wie nach außen zu formulieren, braucht auch die EU eine Erzählung, die Öffnung, Schutz und Kooperation vereint. Sie muss konkret benennen, in welchen Bereichen sie prioritär Verantwortung übernehmen will, was sie gestalten will und in welcher Balance Initiativen und Schutzmaßnahmen stehen – und welchen Nutzen das für die Bürgerinnen und Bürger der EU hat.

Sucht man etwas Positives im Brexit, dann findet man vor allem die Chance, die EU-Zusammenarbeit in Bereichen zu vertiefen, die Großbritannien über vier Jahrzehnte blockiert hat. Es ist kein Zufall, dass die Verteidigungszusammenarbeit Ende 2019 als Reaktion auf Donald Trumps Infragestellung der NATO genau dann in Schwung kam, als der Brexit beschlossene Sache war. Integrationsfortschritte könnten auch in der europäischen Steuerpolitik und in den Bereichen Justiz und Inneres wahrscheinlicher werden. Mit Sicherheit wäre auch die Einigung auf den milliardenschweren Corona-Krisen-Wiederaufbaufonds im Sommer 2020 mit Großbritannien am Verhandlungstisch sehr viel schwieriger geworden.

Positiv ist auch, dass es bislang keine Nachahmer in der EU gibt. Das mag bescheiden klingen, aber die Sorge war groß, dass die durch die Finanz- und Migrationskrise stärker gewordenen Rechtspopulisten weitere EU-Staaten aus der Europäischen Union heraustreiben würden. Das geschah nicht – auch da bei den Europawahlen im Mai 2019 der vorab befürchtete Siegeszug von Rechtspopulisten und EU-Kritikern ausblieb.

Im Gegenteil: Die EU trat unerwartet geeint gegenüber London auf. Zauberformel war die sogenannte »Methode Barnier«, benannt nach dem ehemaligen EU-Kommissar Michel Barnier. Der Franzose war als alleiniger Verhandlungsführer vom Europäischen Rat mandatiert, stimmte sich eng mit den Mitgliedsstaaten und dem Europäischen Parlament ab und berichtete mit größtmöglicher Transparenz über den Verhandlungsstand. Natürlich wirkten im Hintergrund auch einige Regierungen mit, aber in Brüssel wie in London überraschte, dass die EU in weiten Teilen der Verhandlung stand wie eine Eins. Die Methode könnte auch in anderen konfliktreichen Verhandlungen Schule machen.

Und doch könnte es eine subtilere Brexit-Ansteckung geben. Was in Großbritannien innenpolitisch passierte, hatte starke Züge einer Revolte gegen die politische Elite, der Boris Johnson mit seinem eigenen Auftreten als »Disruptor« und Brexit-Vollender und nun mit einer nach vorne gerichteten Erzählung zur neuen Stärke Großbritanniens begegnet. In der EU entwickelten sich im Zuge der Migrations- und Finanzkrise ähnliche Anti-Eliten-Tendenzen, in Geber- wie in Nehmerländern, mit jeweils unterschiedlichen Argumenten. Die Corona-Zeit ließ sie übergangsweise in den Hintergrund treten, denn Krisenzeiten sind Zeiten der Exekutive, in der die regierenden Parteien tendenziell mehr Rückhalt in der Bevölkerung bekommen. Weg sind sie damit nicht, und die EU wird damit kämpfen müssen, angesichts der Spannungen und Verwerfungen in ihrem Inneren und in der internationalen Politik ihre eigenen mobilisierenden Botschaften zu entwickeln.

Es ist nicht zu leugnen, dass der Austritt Großbritanniens die Europäische Union international maßgeblich schwächt – und ein großes Risiko für Großbritannien darstellt. Der britische Versuch, sich die an die EU verloren geglaubte Eigenständigkeit zurückzuholen, könnte letztlich in einer dramatischen Selbstschwächung resultieren. Denn Schottland strebt seit der Brexit-Entscheidung mit größerem Rückhalt in die Unabhängigkeit, aus Ablehnung von Johnson und seiner Brexit-Politik. Der relativ glatte Verlauf des Austritts von Großbritannien aus der EU wird von schottischen Separatisten als Modell für den Weg in die Eigenständigkeit gesehen – gelingt dieser, könnte Großbritannien den Wiedereintritt Schottlands in die EU nicht verhindern. Auch die Zukunft Nordirlands ist ungewiss, die nach vielen Jahren der Ruhe wiederaufgeflammten Gewaltausbrüche im Winter 2021 sind beunruhigend. Johnsons Aufgabe bleibt, die Briten auf ein gemeinsames Ziel für das eigene Land in seiner neuen Unabhängigkeit einzuschwören.

Die EU hingegen verliert an Verteidigungskapazität, an internationalem politischem und wirtschaftlichem Gewicht, an diplomatischen Ressourcen. Umso mehr gilt es, Großbritannien jetzt in die strategischen Überlegungen einzubinden, wie Europa, und nicht nur die EU, sich in der Welt positionieren soll. Das gilt für das Verhältnis zu den USA, in dem unproduktive Konkurrenz zwischen London und Berlin, Paris oder auch Brüssel unbedingt vermieden werden sollte, und für das Verhältnis zu China und damit zusammenhängend für die Strategie der Europäer im indo-pazifischen Raum.

Das Virus und die Erosion des Binnenmarkts

Mitten im Ringen um den Brexit, im heißen letzten Jahr der Präsidentschaft Donald Trumps und in einer Phase, in der die Europäische Union begriffen hatte, dass sie im globalen Machtwettbewerb zwischen China und den USA deutlich strategischer vorgehen muss, breitete die Covid-19-Krise sich aus. Am 31. Dezember 2019 wurde die Weltgesundheitsorganisation (WHO) über Fälle von Erkrankungen der Atemwege mit unbekannter Ursache in der chinesischen Stadt Wuhan informiert. Acht Tage später berichteten die chinesischen Behörden über ein neuartiges Coronavirus. Am 11. Januar 2020 meldete China den ersten Todesfall. Seit wann das Land mit der neuen Lungenkrankheit zu kämpfen hatte, ist außerhalb des chinesischen Machtapparats bislang nicht bekannt.

Am 13. Januar bestätigte die WHO die erste Infektion außerhalb Chinas. Nur gut zwei Wochen später erklärte ihr Generaldirektor, Tedros Adhanom Ghebreyesus, eine gesundheitliche Notlage von internationaler Tragweite, die einzige Warnstufe der WHO. Zu diesem Zeitpunkt waren auch die ersten Erkrankungen in Europa bereits bekannt. Ende Februar explodierten die Fallzahlen in Italien, wenig später in Spanien und in Frankreich. Städte und Regionen wurden abgeriegelt. Mitte März 2020 war Europa zum Epizentrum der Pandemie geworden und verzeichnete über 40 Prozent der weltweit bestätigten Fälle. Ende April entfielen 63 Prozent der weltweit als durch das Virus bedingt identifizierten Sterbefälle auf Europa. Die USA, die selbst enorm hart getroffen waren, wie etwa dramatische Bilder aus New York zeigten, reagierten mit Abschottung und verboten Einreisen aus Europa.

Auch in Europa gingen die Grenzen hoch. Es geschah, was in einer Gemeinschaft ohne gesundheitspolitische Zuständigkeit geschehen musste: Die ersten Schutzmaßnahmen wurden auf lokaler, regionaler und nationaler Ebene ergriffen. Von heute auf morgen wurden die Grundfreiheiten im Binnenmarkt in teilweise EU-rechtswidriger Weise eingeschränkt. Bis Mitte April 2020 hatten die meisten Mitgliedsstaaten des Schengenraums die Grenzen zu ihren Nachbarn einseitig abgeriegelt. Ein Flickenteppich interner Reisebeschränkungen trennte innerhalb der EU Familien und Paare über Wochen voneinander.

Auch für in der Pandemie essenzielle medizinische Güter hatte der Binnenmarkt plötzlich keine Bedeutung mehr. Berlin verbot

Anfang März die Ausfuhr von Schutzausrüstung, obwohl Gesundheitsminister Jens Spahn drei Wochen zuvor gesagt hatte, es gebe keinen Grund für einseitige Maßnahmen. Paris beschlagnahmte Atemschutzmasken. 15 von 27 Mitgliedsstaaten verhängten Exportbeschränkungen für Schutzkleidung und Medikamente. Als Italien und Spanien in einen gesundheitspolitischen Notstand rutschten, die Todeszahlen nach oben schnellten und die Krankenhäuser keine Kapazitäten mehr hatten, gab es allenfalls zögerliche Solidaritätsbekundungen. Praktische Hilfe blieb zunächst aus. Tiefe politische Enttäuschung wuchs in den von der Krise besonders betroffenen Ländern. Erinnerungen an den Unilateralismus der Eurokrisenzeiten, als Regierungen zunächst ohne Rücksicht auf die Interessen anderer agierten, wurden wach.

Nach diesem sehr schlechten Start im Krisenmanagement bewies die EU doch die Fähigkeit zur Selbstkorrektur. Schneller als 2008 wurde das Krisenmanagement 2020 zur Chefsache im Europäischen Rat. Die Europäische Kommission setzte Koordinierungstreffen an, Europäer wurden gemeinsam aus Drittstaaten zurückgeholt, nachdem der normale Flugverkehr zusammengebrochen war. Patienten wurden von einem EU-Land in andere verlegt. Die meisten Regierungen hoben Exportstopps innerhalb des Binnenmarkts auf, nachdem europäische Regeln gegenüber Drittstaaten beschlossen waren. Die Grenzen wurden Schritt für Schritt wieder geöffnet. Europäische Unternehmen begannen, Schutzmasken und Beatmungsgeräte herzustellen, während die Kommission die Bevorratung von medizinischem Material einleitete.

Auch eine gemeinsame Bereitstellung von Impfstoffen wurde beschlossen. Was anfänglich als sinnvolle europäische Maßnahme erschien, haperte allerdings an der Umsetzung: Pharmakonzerne hielten ihre Lieferzusagen nicht ein, die Produktionskapazitäten in der EU wurden nicht rechtzeitig ausgebaut. So gerieten die EU-Mitglieder gegenüber anderen Staaten im Frühjahr 2021 deutlich in den Rückstand. Ein Hin und Her bei der Zulassung und tatsächlichen Nutzung von Impfstoffen, etwa im Falle AstraZenecas oder des russischen Impfstoffes Sputnik V, sorgte für Verwirrung und nagte am Vertrauen der Bürgerinnen und Bürger in die Verlässlichkeit der Impfpolitik.

Dass die EU trotz eigener Engpässe weltweit Staaten mit in der Union produzierten Vakzinen versorgt, während die Impffortschritte in Großbritannien und den USA zunächst vor allem auch durch strikte Exportverbote ermöglicht wurden, sorgte für große Kritik. Lange wurde in der öffentlichen Diskussion unterbelichtet, wie wichtig es für eine wirkliche Bekämpfung der Pandemie ist, durch eine rasche Impfstoffverteilung an ärmere Länder zu verhindern, dass weitere Mutationen entstehen, die die Eindämmungserfolge zunichtemachen. Lieferungen im Rahmen der globalen Impfkampagne COVAX der Vereinten Nationen kamen allerdings nur schleppend voran. Dabei ist sie ein wichtiges Signal dafür, dass die EU auch über ihre Grenzen hinaus Verantwortung übernimmt und handlungsfähig ist: Seit April 2020 setzt die EU sich dafür ein, die Versorgung mit medizinischen Hilfsmitteln und Impfstoffen als globales öffentliches Gut zu betrachten, aus Verantwortungsgefühl und auch Eigeninteresse, denn nur durch weltweites Impfen können weitere Mutationen verhindert werden. Andere Staaten wie China und Russland nutzten dagegen in der Pandemie Masken und Vakzine als Instrumente, um Abhängigkeiten zu schaffen und ihr Image aufzupolieren.

Ganz wie die Finanz- und die Migrationskrise zeigte auch die Covid-19-Pandemie, dass innereuropäische Entgrenzung ohne begleitende Politik auf EU-Ebene nicht funktionieren kann. Für alle EU-Bürgerinnen und Bürger wurde über Jahrzehnte ein gemeinsamer Raum der Freiheit, der Sicherheit und des Rechts geschaffen. Grenzüberschreitende Mobilität und Vernetzung wurden gezielt gefördert. Vergessen wurde allerdings ein ausreichender Schutz der EU-Bevölkerung. Wenn in einem integrierten Raum der gemeinsame Gesundheitsschutz nicht als europäisches öffentliches Gut gewährleistet wird, bleiben hart erkämpfte Freiheiten wie die grenzüberschreitende Offenheit im Krisenfall auf der Strecke. Der Schutz der Bevölkerung steht dann an erster Stelle. Daher muss die EU Schutz auf europäischer Ebene bieten können, sonst wird sie – zu

Recht – von Bürgerinnen und Bürgern als Gefahr identifiziert. Sie verspielt das Vertrauen, wenn sie Risiken für die Gesundheit nicht abwehren kann. Mitgliedsstaaten, die dies selbst nicht schaffen, muss die EU im Krisenfall unterstützen und Hilfe zur Selbsthilfe leisten.

Denn was passierte, war Folgendes: In der EU fehlten gemeinsame gesundheitspolitische Instrumente, und einige der nationalen Gesundheitssysteme waren nicht in der Lage, der Pandemie Herr zu werden. Dies brachte die Grundfreiheiten im Binnenmarkt zu Fall. Erschreckend schnell. Für die EU wurde die Covid-19-Krise so in den Worten von Bundeskanzlerin Angela Merkel zur »größten Bewährungsprobe seit ihrer Gründung«. Das hat auch damit zu tun, dass sie die größte Wirtschaftskrise seit Anfang des 20. Jahrhunderts nach sich zog.

Im Jahr 2020 ist die Wirtschaft der EU mit einem Wachstumseinbruch von über 6 Prozent so stark geschrumpft wie noch nie seit Beginn der Integration. Zum Vergleich: In der Wirtschafts- und Finanzkrise 2008/2009 brach die EU-Wirtschaft um gut 4 Prozent ein. In Deutschland schrumpfte die Wirtschaftsleistung im ersten Corona-Jahr 2020 um 5 Prozent. In Italien, der drittgrößten Volkswirtschaft des Währungsraums, brach die Konjunktur um 8,8 Prozent ein und damit so stark wie noch nie seit dem Zweiten Weltkrieg. Die Arbeitslosenquoten stiegen EU-weit an, in Italien etwa auf knapp 12 Prozent. Ähnlich hart hat die Krise Osteuropa getroffen: So verloren zum Beispiel Ungarn, die Slowakei und Tschechien 2020 knapp 6 Prozent ihrer Wirtschaftskraft.

Bereits in den ersten Monaten des Jahres 2020 wurde klar, wie tief der wirtschaftliche Einbruch werden würde. Am 19. März beschloss die Europäische Kommission mehr Spielraum für die Mitgliedsstaaten bei der Vergabe von staatlichen Beihilfen, die durch die EU-Wettbewerbspolitik streng geregelt ist. Am nächsten Tag wurde die Ausweichklausel des Stabilitäts- und Wachstumspakts aktiviert: Die nationalen Regierungen erhielten dadurch mehr haushaltspolitischen Spielraum, die Defizite gingen hoch. Parallel entwickelte sich eine intensive Diskussion über die Gestaltung eines größeren Rettungsprogramms für die europäische Wirtschaft. Neun EU-Staaten, darunter Italien, Frankreich und Spanien, forderten Mitte März, Unterstützungsmaßnahmen über europäische Anleihen zu finanzieren, um zu verhindern, dass die EU in eine tiefe Rezession rutscht. Deutschland, die Niederlande, Finnland und Österreich sprachen sich sofort gegen diese Idee von Eurobonds aus.

Nach mehreren gescheiterten Versuchen einigten sich die EU-Finanzminister am 9. April zunächst auf ein erstes, 540 Milliarden Euro schweres Hilfspaket. Dieses hat drei Säulen, um Unternehmen, Arbeitnehmer und Mitgliedsstaaten zu unterstützen. Die Europäische Investitionsbank richtete einen Covid-19-Garantiefonds ein, den die Mitgliedsstaaten mit Haushaltsgarantien in Höhe von 25 Milliarden Euro versahen. Dies ermöglichte der Bank die Mobilisierung von bis zu 200 Milliarden Euro an Liquidität für kleine und mittlere Unternehmen. Das 2020 neu aufgebaute System SURE (Support to mitigate Unemployment Risks in an Emergency) der Europäischen Kommission hat die Rettung von Arbeitsplätzen zum Ziel. Dabei können Mitgliedsstaaten Darlehen in Höhe von 100 Milliarden Euro erhalten, um Kurzarbeit oder vergleichbare Maßnahmen zu finanzieren. Der während der Eurokrise eingerichtete Europäische Stabilitätsmechanismus stellt derweil jedem Eurozonen-Mitglied eine zweijährige Kreditlinie von bis zu 2 Prozent des Bruttoinlandsprodukts (BIP) zur Verfügung, um gesundheitspolitische Maßnahmen im Kampf gegen die Pandemie zu finanzieren – in einer Höhe von insgesamt maximal 240 Milliarden Euro.

Diese Maßnahmen wurden für europäische Verhältnisse sehr rasch beschlossen und die 540 Milliarden Euro schnell bereitgestellt. Doch als deutlich wurde, wie tief die Europäische Union in die Rezession rutscht, musste nachgelegt werden. Am 21. Juli 2020 einigten sich die Staats- und Regierungschefs zusätzlich auf den Wiederaufbaufonds NextGenerationEU, der den gleichzeitig verabschiedeten mehrjährigen EU-Finanzrahmen ergänzte. Beide zusammen haben ein Volumen von 1824 Milliarden Euro für den Zeitraum von 2021 bis 2027. Sie sollen die EU bei der wirtschaftlichen Erholung unterstützen und den ökologischen und digitalen Wandel vorantreiben. Entscheidend ist dabei, dass die Ausgabenprogramme an die Einhaltung von Europas demokratischen Grundprinzipien und Rechtsstaatlichkeit sowie der Regeln des Binnenmarkts gekoppelt werden.

Es ist sehr wichtig für die EU, zu einem funktionsfähigen Binnenmarkt zurückzukehren, die Wettbewerbsfähigkeit ihrer Wirtschaft zu steigern und ihre Autonomie zu stärken. Besondere Aufmerksamkeit verdient, dass Europa durch den Wirtschaftseinbruch und die im Vergleich wohl raschere Erholung der chinesischen Volkswirtschaft eine offene Flanke bietet. Zwar hat die Pandemie chinesische Unternehmensaufkäufe in der EU zunächst gebremst. Es ist aber davon auszugehen, dass China weiterhin gezielt europäischen Unternehmen, Banken und Regierungen Liquidität zur Verfügung stellt und sich tief in europäische Wertschöpfungsketten einkauft. Deutschland war auch im Covid-19-Jahr das beliebteste Ziel auf der Einkaufstour chinesischer Unternehmen. Laut einer Studie des Beratungs- und Wirtschaftsprüfungsunternehmens EY von März 2021 sank die Zahl der Übernahmen von oder Beteiligungen an deutschen Unternehmen zwar im Krisenjahr 2020 von 39 auf 28. Doch Europas größte Volkswirtschaft lag damit vor Großbritannien mit 21 Deals, Frankreich mit 17 und Schweden mit 9.

Die EU und ihre Mitgliedsstaaten befinden sich in einem hochpolitischen Dilemma zwischen dem Schutz der eigenen Wirtschaft vor außereuropäischem Einfluss und der Offenheit des Marktes nach außen. Einige Regierungen werden eine größere industriepolitische Rolle einnehmen, um Versorgungssicherheit und kritische Infrastruktur zu sichern. Dabei werden nicht nur EU-Subventionskontrollregeln flexibilisiert, sondern es kann auch zu erneuten Verstaatlichungen kommen. Die EU braucht gemeinsame Ansätze und Prinzipien, um zwischen Schutz und Offenheit so abzuwägen, dass uns Marktoffenheit nicht zum Opfer von Staatskapitalismus macht. Dabei geht es natürlich auch darum, trotz der größten Wirtschaftskrise seit Beginn der europäischen Integration nationalen Protektionismus möglichst zu unterbinden.

Trotz aller finanziellen Bemühungen seitens der EU dürften die wirtschaftlichen und sozialen Folgen der Covid-Krise politische Instabilitäten nach sich ziehen und die gesellschaftliche Resilienz untergraben. Das steigert die Verwundbarkeit für hybride Bedrohungen. Die Krisenjahre ab 2008 haben Populisten, viele von ihnen EU- und Globalisierungsgegner, in Parlamente und Regierungen gebracht. Ungarns Ministerpräsident Viktor Orbán hat mit dem Corona-Krisenmanagement seine autokratische Macht gestärkt. Polen steht ebenso unter Beobachtung der EU wie Ungarn. Derweil ist im Umgang mit Corona der Systemkonflikt zwischen China und dem Westen deutlich zutage getreten. Die USA treiben, auch unter Joe Biden, im Machtkampf mit China die Entkopplung und Eindämmung des Konkurrenten voran. Auch für Europa stellt sich mit neuer Brisanz die Frage, welche Teile der Wertschöpfungsketten, insbesondere im Pharma- und in anderen sicherheitsrelevanten Bereichen, künftig auf eigenem Territorium angesiedelt sein sollen und wie ausländische Direktinvestitionen weiter kontrolliert werden können.

Wie lange Fortschritt durch Krise funktionieren kann

Die Covid-19-Krise hat unter allen Krisen der vergangenen eineinhalb Jahrzehnte die EU und die Regierungen der Mitgliedstaaten am meisten herausgefordert. Der Grund dafür liegt nicht nur im enormen menschlichen Leid, das die Pandemie verursacht hat, und auch nicht allein in den verheerenden wirtschaftlichen und sozialen Kosten. Er liegt vor allem auch darin, dass die Bürgerinnen und Bürger sahen, dass andere Staaten schneller aus der Krise kamen: Freunde und Alliierte von Europa wie Israel, die USA oder auch Australien, aber auch Konkurrenten wie Russland, das im April 2021 mit auch von Deutschen gern genutztem Impftourismus begann, und natürlich China, das durch härteste Lockdowns und eine Verschärfung der Überwachung der Bevölkerung die Pandemie eindämmte und sich dann weitaus schneller wirtschaftlich erholte als Europa. Die schleppende Pandemiebekämpfung in der EU gefährdete nicht nur Menschenleben, durch ihre sehr ernst zu nehmenden wirtschaftlichen Konsequenzen beschleunigen sich Machtverschiebungen: Die

EU fällt weiter zurück, da China, aber auch die USA schneller zu einem Wachstumskurs zurückkehrten. Das Vertrauen in die Kraft der EU hat dadurch bei der Bevölkerung gelitten. Denn das Versprechen »Gemeinsam sind wir stärker« konnte über Monate nicht eingelöst werden. Das ist deshalb ein so ernst zu nehmendes Problem, da das historische Narrativ des Friedensprojekts allein nicht mehr funktioniert und sich die EU immer stärker durch tatsächliche Ergebnisse für die Bürgerinnen und Bürger rechtfertigen muss.

Im Rückblick auf 15 Krisenjahre zeigt sich, dass die EU zunächst unter dem Druck der Euro-Krise Instrumente, Politiken und sogar neue Institutionen auf- und umgebaut hat, die nicht nur kurzfristig dem Umgang mit der Krise dienen, sondern langfristig die EU stärken. Weniger bekannt ist, dass von weiteren, damals von den EU-Institutionen teils detailliert ausgearbeiteten Reformvorschlägen nur sehr wenig zur Umsetzung kam, obwohl die Eurozone offensichtlich weiterhin krisenanfällig ist. Die Regierungen verloren das Interesse an weiteren gemeinsamen Schritten, als der Druck der Krise nachließ. Ein deutliches Warnsignal ging von der Migrationskrise aus. Denn hier scheiterten die Vorschläge zum gemeinsamen Asylrecht bereits im Entwurfsstadium, die Entscheidung zum Quotensystem zur Verteilung anerkannter Flüchtlinge wurde schlichtweg nicht umgesetzt, auf einen zu erwartenden größeren Flüchtlingszustrom ist die EU nicht vorbereitet. Beide Entwicklungen sind Grund zur Sorge um die Handlungsunfähigkeit im europäischen Entscheidungssystem. Auch die Covid-19-Krise und ihre wirtschaftlichen, sozialen und politischen Auswirkungen haben die Zerbrechlichkeit der Gemeinschaft offengelegt, ähnlich wie die Staatsverschuldungs- und Bankenkrisen ab 2010. Die Regierungen haben im Krisenmanagement zunächst rein national gehandelt. Zudem ging die Notwendigkeit, später beispiellose finanzielle Stützungsmechanismen zu schaffen, mit einer tiefen Polarisierung bis hin zu öffentlichen Drohungen unter den Mitgliedsstaaten einher. Die Wege der Entscheidungsfindung in der EU sind lang und wenig effizient, und die immer komplexeren Herausforderungen überfordern offensichtlich die bestehenden Regelungen. Ändert sich das nicht, wird die Hilflosigkeit der EU bei neu auftretenden Problemen immer sichtbarer und Vertrauen in die Institutionen geht immer weiter verloren.

In allen Krisen seit 2008 zeigte sich zudem, wie stark die innereuropäische Stabilität von internationalen Entwicklungen beeinflusst wird. In der Migrationskrise, im Management der Pandemie und im Verhältnis mit Russland zeigt sich, wie gezielt externe Akteure ihren Umgang mit der EU unter geopolitischen Gesichtspunkten gestalten. Hinter den entsprechenden Handlungen der Türkei, Chinas oder Russlands steckt machtpolitische Taktik und der Aufbau von Einfluss. Europa macht nur langsam Fortschritte damit, dieser Machtpolitik und taktischen Einflussnahme von außen entschieden und mit einer Stimme entgegenzutreten. Ändert sich daran nichts, machen sich einzelne Mitgliedsstaaten und die EU insgesamt erpressbar. Die Gemeinschaft würde in den Augen der Bürgerinnen und Bürger weiter an Glaubwürdigkeit verlieren.

Polarisierung und Fliehkräfte: Was Europa im Inneren untergräbt

D er Brexit ist der greifbarste Beweis dafür, dass die Weiterentwicklung des europäischen Projekts kein Selbstläufer ist. Europäische Integration erschien in ihren ersten sechs Jahrzehnten als ein linearer Prozess. Manchmal ging er schneller voran, manchmal stockte er. Fortschritte wurden zwar nicht immer von allen Mitgliedsstaaten getragen, doch im Wesentlichen schien man das gleiche Ziel vor Augen zu haben. Der Brexit zerstörte die Annahme, dass Europa ohne größere Brüche immer weiter zusammenwächst. Großbritannien hat erst versucht, die Europäische Union zurückzubauen. Dann hat es die Exit-Option für sich selbst gezogen.

Seit diesem Tag ist die politische Vorsicht sehr viel größer geworden. Schon Jahre vorher hatten die Euro-Austrittsdebatten in Griechenland und Italien unter dem Druck der Staatsschulden- und Bankenkrisen die Sorge geweckt, dass politischer Voluntarismus, mangelnde Solidarität zwischen den Staaten oder marktgetriebene Entwicklungen die tiefe wirtschaftliche, finanzielle und politische Verflechtung zwischen den EU-Mitgliedern wieder auflösen könnten. Seither hat die Integration ihre Selbstverständlichkeit verloren. Durch die vielen Krisen ist die EU wirtschaftlich auseinandergedriftet, und die politische Polarisierung in und zwischen den Staaten hat zugenommen. Trotz aller Widerstandskraft in den vergangenen Jahren steht die Frage im Raum: Wie lange kann das noch gut gehen?

Selbstblockaden

Ganz offensichtlich – und zum großen Nachteil ihrer Mitgliedsstaaten – gibt es einen Mangel an Entscheidungsfähigkeit in der Europäischen Union: Dort, wo mit Einstimmigkeit entschieden werden muss, lähmt sich das System immer wieder selbst. Beispiele dafür gibt es zuhauf: Eine bedauerliche Episode der EU-Handelspolitik ist das CETA-Abkommen mit Kanada, einem engen Partner der EU, einem im Verbraucherschutz oder in Umweltfragen sehr ähnlich orientierten Land. Von 2009 bis 2014 wurde das Abkommen von der Europäischen Kommission im Auftrag der Mitgliedsstaaten verhandelt, drei Jahre später stimmte das Europäische Parlament nach einer Nachverhandlung zu. Allerdings hatten es bis Frühjahr 2021 zwölf EU-Staaten ganz bewusst immer noch nicht ratifiziert – zwölf Jahre, nachdem die Verhandlungen aufgenommen, und fünf Jahre, nachdem sie abgeschlossen worden waren. Zum Vergleich: Laut einer Studie des Peterson Institute for International Economics aus dem Jahr 2016 benötigen die USA durchschnittlich gerade einmal eineinhalb Jahre, um ein bilaterales Handelsabkommen erfolgreich abzuschließen. Auch wenn die USA dabei immer wieder mit sehr viel kleineren Staaten verhandelt hatte, wird klar: Die EU ist viel zu langsam und träge, um ein attraktiver Partner zu sein. Und sie wirkt immer mutloser, denn es trauen sich immer weniger nationale und europäische Politiker, entschieden für eine weitere wirtschaftliche Öffnung einzutreten. Das ist ein großer Fehler, denn mit ausgewählten Partnern und unter bewusst gewählten Bedingungen bleibt das für die EU der richtige Weg.

Auch im Ringen um den mehrjährigen Finanzrahmen der EU zeigte sich, wie leicht Blockaden einzelner Staaten Fortschritt für alle verhindern. Eine umfassende Reform des EU-Haushalts, die den neuen Herausforderungen Rechnung trägt, ist bislang daran gescheitert, dass einige Mitgliedsstaaten an »alten«, ausgabenintensiven Haushaltsposten wie Agrar- und Strukturpolitik möglichst unverändert festhalten wollen, die noch dazu rund ein Drittel des gesamten EU-Budgets ausmachen. Dadurch fallen Investitionen in

Zukunftsausgaben wie Forschung und Innovation, den Green Deal und die Digitalisierung oder auch eine stärkere Zusammenarbeit in der Verteidigung bei Weitem zu gering aus.

EU-Erweiterungen sind ebenfalls deutlich schwieriger geworden. Jeder Mitgliedsstaat hat ein Vetorecht gegen weitere Beitritte. Die Zustimmung, neue Staaten aufzunehmen, ist in der Bevölkerung ohnehin längst gesunken. Laut den Eurobarometer-Umfragen, die die Europäische Kommission regelmäßig durchführt, stand die EU-Bevölkerung seit über zehn Jahren einer möglichen Aufnahme weiterer Mitgliedsstaaten fast durchgängig eher ablehnend gegenüber. Zuletzt waren im Sommer 2020 rund 45 Prozent gegen und 44 Prozent für eine mögliche EU-Erweiterung. Frankreich hat sich im Jahr 2005 ein Referendum über EU-Beitritte in die Verfassung geschrieben – insbesondere mit Blick auf einen möglichen EU-Beitritt der Türkei. Damals sollte die neue Regel dabei helfen, den Rückhalt für den Europäischen Verfassungsvertrag zu stärken, der am 29. Mai 2005 im französischen Referendum zur Abstimmung stand und dann doch scheiterte. Der EU blieb eine zusätzliche nationale Hürde, die die ohnehin schon träge Entscheidungsfindung in EU-Fragen weiter drosselt.

In Politikfeldern, in denen mit einfacher Mehrheit entschieden wird, sind Fortschritte leichter und schneller zu erreichen, Binnenmarktgesetze sind oft innerhalb eines Jahres verabschiedet. Allerdings werden Mehrheitsentscheidungen immer öfter nicht vollständig oder gar nicht umgesetzt, wenn die Regierungen, die überstimmt wurden, die Ergebnisse nicht akzeptieren. Das beste Beispiel dafür ist das während der Migrationskrise verabschiedete und dann gescheiterte Quotensystem zur Verteilung von bleibeberechtigten Asylbewerbern. Zunehmend organisieren sich Gruppierungen von Mitgliedsstaaten innerhalb der EU als »Verhinderungskoalitionen«, um ihre Interessen gegen »die anderen« oder »Brüssel« zu verteidigen. All dies belastet nicht nur die Handlungsfähigkeit der EU hinter den Kulissen, sondern zeichnet ein zerstrittenes Bild der Gemeinschaft.

Um einzuordnen, wie groß und substanziell die Spannungen in der Europäischen Union sind, möchte ich im Folgenden die virulentesten Perspektivunterschiede und ihre Hintergründe innerhalb der Gemeinschaft offenlegen. Die folgenden Überlegungen mögen an manchen Stellen etwas technisch-ökonomisch erscheinen. Sie helfen aber dabei, die Erfolge im Krisenmanagement hinter der EU und perspektivisch ihre Weiterentwicklung realistisch einzuschätzen.

Die immer noch bedeutsamsten Trennlinien verlaufen zwischen Norden und Süden und Ost und West. Beide sind keine neue Entwicklung des 21. Jahrhunderts, aber sie haben die Spannungen im System in den vergangenen Jahren verstärkt.

Norden und Süden: Konflikte in der Eurozone

Bereits vor gut 30 Jahren prallten die traditionell unterschiedlichen Perspektiven von Nord- und Südeuropäern auf Geld-, Haushalts- und Wirtschaftspolitik bei den Verhandlungen zum Maastrichter Vertrag aufeinander. Zwar einigten sich die damals zwölf EU-Regierungen auf die Schaffung einer gemeinsamen Währungsunion, doch ihre konkrete Ausgestaltung ist – auch weit nach Einführung des Euro – immer noch umstritten. Die Verschuldungs- und Bankenkrisen ab 2010 haben das Nord-Süd-Gefälle in der Europäischen Union noch einmal besonders herausgestellt.

Anders als von vielen zu Beginn der Währungsunion 1999 erwartet, entwickeln sich die Realwirtschaften zwischen Nord- und Südeuropa weiterhin auseinander. Die Finanz-, Wirtschafts- und Schuldenkrise ab 2008 und die Covid-19-Krise ab 2020 haben diese Entwicklung beschleunigt. Hinter diesen Divergenzen liegen unterschiedliche sozioökonomische Modelle. Sie unterscheiden sich etwa in der Rolle der öffentlichen Ausgaben, im Funktionieren der Arbeitsmärkte, der Struktur der Unternehmensführung, der Arbeitsbeziehungen sowie der Bildung und Ausbildung.

Südeuropäische Volkswirtschaften wie Italien, Griechenland, Portugal, aber auch Spanien setzen stärker auf den Binnenkonsum als Wachstumsmotor, obgleich Italien, Spanien und Portugal seit 2010 und trotz Krisen durchgehend positive Handelsbilanzen aufweisen, also mehr exportieren als importieren. Die schlechtere Wirtschaftsleistung – in manchen Ländern und Branchen aufgrund einer geringeren preislichen und qualitativen Wettbewerbsfähigkeit – geht einher mit einem höheren Steuerniveau, einer expansiven Fiskalpolitik und einer vergleichsweise hohen Toleranz gegenüber Inflation. Denn wenn das Geld an Wert verliert, fällt es dem Staat leichter, Kreditzinsen zu begleichen oder die Kredite abzutragen. Vor Einführung des Euro haben einige dieser Länder immer wieder auf Wechselkursabwertungen gesetzt, um ihre preisliche Wettbewerbsfähigkeit zu steigern, da so Exporte billiger wurden.

Die Wirtschaftssysteme, die eher dem nördlichen Modell zuzuordnen sind, wie Deutschland, Österreich, Finnland oder die Niederlande, setzen hingegen auf exportorientiertes Wachstum. Sie konnten von der Einführung des Euro, dessen Wechselkurs stabil war und nicht stark aufwertete, besonders profitieren, da dies ihre preisliche Wettbewerbsfähigkeit unterstützte. Ihre Haushaltspolitik ist tendenziell solide und auf niedrige Schuldenstände ausgerichtet. Eine stabilitätsorientierte Geldpolitik ist Teil des Modells und ein »Weginflationieren« von Schulden liegt nicht in ihrem Interesse. Die Bürgerinnen und Bürger nordeuropäischer Länder sind für Freihandel traditionell eher offen und scheinen eine höhere Toleranz für Wettbewerb zu haben, wobei weiter entwickelte nationale Sozialstaaten Sicherheit boten. Bereits der Soziologe Max Weber hat zudem Eigenheiten des nordeuropäischen Modells auf die protestantische Reformation zurückgeführt, im Zuge deren Kircheneigentum privatisiert wurde. Die protestantischen Länder standen in der Folge oft an der Spitze der Modernisierung, sie waren führend bei der Alphabetisierung und später bei der industriellen Revolution. Im heutigen Zeitalter der Digitalisierung und des technologischen Wandels gehören die meisten nordischen Länder, mit Deutschland als bemerkenswerter Negativ-Ausnahme, zu den europäischen Spitzenreitern in Bezug auf Internetnutzung, Breitbandverbindungen und Forschung und Entwicklung.

Die heterogenen Wirtschaftsstrukturen in Europa führten seit dem Beginn der Währungsunion 1999 zu wachsenden Disparitäten und Leistungsbilanzungleichgewichten. Wechselkursabwertungen sind in einer Währungsunion nicht möglich, vor allem die südeuropäischen Länder verloren dadurch ein zentrales finanzpolitisches Instrument zur Steuerung ihrer Wirtschaft. Die Löhne und Preise erweisen sich als unflexibel, was reale Wechselkursanpassungen verlangsamt. Durch die Integration in einen gemeinsamen Währungsraum und die Erwartung, dass ihre Volkswirtschaften sich stärker an die Leistungsfähigkeit der nordeuropäischen Staaten angleichen würden, hatten die südeuropäischen Länder Kapital zu niedrigen Zinsen zur Finanzierung von Leistungsbilanzdefiziten zur Verfügung. Es gibt eine anhaltende Diskussion, ob die nördlichen Länder eine expansivere Politik betreiben sollten, um die realen Exporte und die wirtschaftliche Erholung im Süden zu stimulieren und die Leistungsbilanzanpassung zu beschleunigen. Der große Leistungsbilanzüberschuss Deutschlands wird als schädlich angesehen, da er deflationäre Tendenzen erzeugt, Wachstum bremst und dem Süden den Schuldenabbau erschwert.

Die Nord-Süd-Unterschiede spiegeln sich deutlich in den nationalen Positionen zur Architektur der Eurozone. Die nördlichen Mitgliedsstaaten haben kein Interesse daran, Teil eines im negativen Sinne als »egalitär« betrachteten supranationalen europäischen Projekts einer Art »Länderfinanzausgleich« oder einer Vergemeinschaftung von Schulden zu sein. Beides würde aus ihrer Sicht Anreize für unverantwortliches Verhalten schaffen. Das Misstrauen ist groß, dass die Südeuropäer versuchen, ihre Anpassungskosten auf die EU-Partner abzuwälzen. In Bezug auf die Fiskalpolitik in der Eurozone verteidigen die Nordländer die strenge Eigenverantwortung der nationalen Politik, während die Südländer sowohl die Notwendigkeit von Flexibilität auf nationaler Ebene zur Unterstützung des Wachstums betonen als auch Solidaritätsmechanismen fordern, die im Notfall stabilisieren können. Die Südeuropäer argumentieren, dass die Haushaltsregeln flexibler sein sollten, und haben Ausgabeninstrumente vorgeschlagen, die unter anderem der makroökonomischen Stabilisierung dienen sollten. Sie fordern seit Langem Fortschritte bei der Steuerharmonisierung, während die Nordeuropäer, insbesondere die mit sehr niedrigen Steuersätzen wie Irland, Wettbewerb und Eigenverantwortung betonen. In der innereuropäischen Diskussion reagieren sowohl Nord- als auch Südländer oft reflexhaft und ablehnend auf die Vorschläge der jeweils anderen Seite, weil davon ausgegangen wird, dass hier nur das eigene Modell verteidigt werde. Das erschwert immer wieder die Diskussion darüber, wie die noch bestehenden Lücken in der Architektur der Eurozone bestmöglich geschlossen werden können.

Das Zögern des Nordens, sich finanziell an Solidaritätsmechanismen zu beteiligen, zeigte sich, als ab 2010 Rettungspakete für Griechenland, Portugal, Zypern und Spanien auf den Weg gebracht werden sollten. Im Jahr 2018 unterstrichen die harschen Reaktionen von acht Ländern der sogenannten »Hanseatischen Liga« (Dänemark, Estland, Finnland, Irland, Lettland, Litauen, die Niederlande und Schweden) auf den Vorschlag des französischen Präsidenten Emmanuel Macron, ein Eurozonen-Budget zu verabschieden, die harten Trennlinien. Die gleiche Ablehnung zeigte sich in den Diskussionen über den Stabilisierungsfonds, der im Juli 2020 beschlossen wurde, um die wirtschaftlichen und sozialen Kosten der Covid-19-Krise zu lindern. Zwar gab es eine gewisse Aufweichung der Fronten, da neun EU-Staaten, darunter auch Irland, Belgien, Luxemburg und Slowenien, die Ausgabe europäischer Anleihen zur Finanzierung von Corona-Hilfen forderten. Der niederländische Finanzminister Wopke Hoekstra verweigerte hart, auch im Namen anderer Nordeuropäer, jeglichen Schritt, der zur Vergemeinschaftung von Schulden führen könnte, was allerdings mit der Idee der Corona-Anleihen auch nicht intendiert war. Als er die Europäische Kommission aufforderte zu untersuchen, warum insbesondere die südlichen Mitgliedsstaaten keine ausreichenden Rücklagen für den Krisenfall gebildet hatten, bekam er wütende Antworten aus Südeuropa – auch vom portugiesischen Finanzminister, der seinen Kollegen zu dieser Zeit in der Eurogruppe vorsaß. Die Südeuropäer verwahrten sich davor, von deutschen, niederländischen und anderen nordeuropäischen Politikern belehrt zu werden, und prangerten deren mangelndes Vertrauen an. Die Diskussion, ob der Fonds über europäische Anleihen finanziert werden könne, was nicht einer Schuldenvergemeinschaftung gleichzusetzen ist, wurde vor diesem Hintergrund zumindest in der Öffentlichkeit kaum noch sachlich geführt, ebenso wenig die Debatte, ob die Zahlungen als Kredite oder Transfers erfolgen sollten.

All diese Kontroversen haben verdeutlicht, dass mehr als zwanzig Jahre nach der Gründung der Europäischen Währungsunion die Ansichten über recht grundlegende Fragen weiterhin stark auseinandergehen. Das betrifft zum Beispiel die Entscheidung, wie stark europäische Regeln nationalen Handlungsspielraum einschränken sollen, oder auch, ob es haushaltspolitische Stabilisierungsinstrumente auf Eurozonenebene geben soll, um die Geldpolitik zu flankieren, wie sie sonst alle erfolgreichen Währungsunionen der Welt haben. Zwar existieren mittlerweile Krisenstabilisierungsmechanismen. Aber es muss davon ausgegangen werden, dass die Forderung nach mehr finanzieller Solidarität und Risikoteilung immer wieder für Spannungen sorgen wird. Genauso wird es weiteren Streit geben, wie eng nationale Spielräume in der Haushalts- und Wirtschaftspolitik begrenzt werden sollen. Krachen wird es über die Frage, ab wann und wie weit und schnell die Mitgliedsstaaten ihre Defizite und die Staatsverschuldung nach der Corona-Krise wieder herunterfahren.

Dass bis Juli 2021 trotz der Streitigkeiten dennoch ein Beschluss über den von seinem Volumen und seinen Finanzierungsmodalitäten her bislang einmaligen Wiederaufbaufonds mit einem enormen Vergabevolumen von 750 Milliarden Euro möglich war, zeigt allerdings zweierlei: Erstens unterstreicht die Einigung, wie ernst die Regierungen der Mitgliedsstaaten die Folgen des Wirtschaftseinbruchs genommen haben, und dies nicht nur aus sozial- und wirtschaftspolitischer Binnensicht der Mitgliedsstaaten. Der mögliche Schaden des Nichthandelns unter externem Drucks Chinas und der 2020 noch von Donald Trump geführten USA wäre aus geopolitischer Sicht verheerend gewesen. Beide hätten die innere Schwäche der EU ausgenutzt und sie weiter gespalten. China hätte vermutlich noch mehr dafür getan, seinen Einfluss durch Masken- und Impfstofflieferungen an die schwächsten Staaten auszudehnen. Zudem hätte es die vergleichsweise enge Beziehung zu süd- und osteuropäischen Staaten über das 17+1-Format und die Belt-and-Road-Initiative stärken können. Zweitens war der Impuls Deutschlands und Frankreichs in der Krisenphase entscheidend. Die Schaffung des großen Wiederaufbaufonds ist politisch und wirtschaftlich ein sehr wichtiger Erfolg. Auf dem Weg dahin wurde aber deutlich, dass das ganze Gewicht der zwei größten Staaten, die gemeinsam fast die Hälfte der Wirtschaftskraft der Eurozone aufbringen, nötig war, um die EU einigungsfähig zu machen. Derartig harte Auseinandersetzungen wird es auch in Zukunft geben, wenn wieder größere gemeinsame Vorhaben anstehen. Daher ist es so wichtig, dass Deutschland und Frankreich entschieden an einem Strang ziehen, denn keine andere Ländergruppe zeigt vergleichbare Bereitschaft, sich für die Gemeinschaft einzusetzen.

Zwischen Souveränität und Risikoteilung

Unterschiedliche Auffassungen zur Bedeutung gemeinschaftlicher Risikoteilung, europäischer Solidarität und des Supranationalismus haben in den vergangenen 50 Jahren immer wieder die Integration gebremst. Sie stehen hinter der zweifachen Ablehnung der EU-Mitgliedschaft durch Norwegen 1972 und 1994, den Opt-outs der Dänen, Schweden und Briten in Bezug auf die Mitgliedschaft in der Währungsunion und in der Zusammenarbeit im Bereich Justiz und Inneres. Auch für das niederländische »Nein« zur Europäischen Verfassung 2005 haben sie Erklärungskraft.

Mit all diesen Entscheidungen haben Staaten verhindert, dass sie in eine Integration eingebunden wurden, die sie als kostspielig, zu viel Solidarität fordernd und die nationale Autonomie einschränkend empfunden haben. Je weiter die Integration über die Jahrzehnte voranschritt und je tiefer sie wurde, desto relevanter wurden diese Themen. Heute hat die Integration eine Tiefe erreicht, dass in vielen

Bereichen jeder weitere Schritt einen substanziellen Souveränitätsverzicht bedeutet. In ähnlicher Weise war der Brexit ein Bekenntnis der Briten zu ihrer Souveränität, eine Ablehnung der innereuropäischen Zuwanderung und ein »Nein« zu den Kosten Europas, das sich bereits darin manifestiert hatte, dass Margaret Thatcher 1984 den »Briten-Rabatt« erwirkte. Die Einsicht, dass nationalstaatliche Souveränität in einer zunehmend globalisierten Welt kaum noch zu verwirklichen ist, blieb dabei auf der Strecke.

Deutlich zeigt sich an der wachsenden Ablehnung weiterer Risikoteilung und finanzieller Unterstützung, dass die Bereitschaft zu Solidarität und das gegenseitige Vertrauen zwischen den EU-Staaten und ihren Gesellschaften nur sehr begrenzt sind. Legitimationsprobleme für europäisches Handeln und weitere Integrationsschritte gibt es auf beiden Seiten, im Norden wie im Süden: Staaten, die auf der »Geberseite« stehen, haben die Sorge, dass sie die Anpassungskosten für den wirtschaftlichen Aufholprozess der südeuropäischen Spät-Reformer tragen, etwa durch eine expansivere Geldpolitik, eine De-facto-Haftung für die Politik der anderen und im härtesten Fall finanzielle Hilfen mit Ausfallrisiko oder gar Transfers. Aber auch Staaten, die auf der »Nehmerseite« stehen, etwa bei den Hilfsprogrammen oder als langfristige Netto-Empfänger des EU-Haushalts, werden kritischer. Sie werfen der anderen Seite mangelnde Solidarität und zu großen Reformdruck, der mit der Finanzhilfe als Auflage verbunden wird, vor.

Die Kosten der Gemeinschaft geraten in Krisensituationen und wenn es um größere Vertiefungsschritte geht in den Vordergrund der Diskussion – bei Gebern und Nehmern zugleich. Die Vorteile der Integration und die Investitionen, die diese für alle Beteiligten nötig macht, treten dagegen in der Wahrnehmung von Politik und Bevölkerung immer weiter in den Hintergrund. Links wie rechts. Aus diesem Konflikt wird die EU nicht einfach herauskommen, da er in den unterschiedlichen Systemen angelegt ist. Es ist daher umso wichtiger, dass alle Regierungen, und besonders die von Staaten, die aufgrund ihrer wirtschaftlichen Offenheit – wie Deutschland, Frankreich oder die Niederlande – von Währungsunion und Bin nenmarkt besonders profitieren, sich intensiv dafür einsetzen, dass die Gemeinschaft gemeinsam vorankommt.

Osten und Westen: Wirtschaft, Souveränität, Demokratie

Auch zwischen Ost und West gibt es Unterschiede in der Frage, was Supranationalismus und nationale Souveränität konkret bedeuten sollen. Ebenso variieren die Erfahrungen mit Zuwanderung und die Grade an gesellschaftlicher Homogenität, und die Werte und Prinzipien, auf denen die Europäische Union fußt, werden unterschiedlich interpretiert. Wie bei der Nord-Süd-Spaltung gibt es zwischen Ost und West Überschneidungen und Inkonsistenzen. Das Verständnis der großen Trennlinien und ihrer Entstehungsgeschichte hilft dabei, die tagesaktuellen Probleme einzuordnen.

Die sozioökonomische Kluft zwischen Ost und West ist anhaltend und tief. Die mittel- und osteuropäischen Länder, die 2004 und 2007 der Union beigetreten sind, erhalten seit ihrem Beitritt Nettozahlungen aus dem EU-Haushalt, liegen aber trotz ihres Aufholprozesses immer noch hinter den Ländern Westeuropas zurück. Ungarn und Polen zum Beispiel erreichen heute 61 Prozent, Bulgarien nur 44 Prozent des deutschen Bruttoinlandsprodukts pro Kopf in Kaufkraftparität. Die reichsten mittel- und osteuropäischen Länder, die Tschechische Republik, Estland und die Slowakei, haben die ärmsten Mittelmeerländer der Union, Griechenland und Portugal, beim nominalen Pro-Kopf-Anteil des Bruttoinlandsprodukts eingeholt, Slowenien hat sie sogar überholt. Schrittweise zeichnet sich über Fragen der europäischen wirtschaftlichen Entwicklung und Haushaltspolitik daher auch eine Ost-Süd-Trennlinie ab: In den mittel- und osteuropäischen Staaten, die nach der eigenen wirtschaftlichen Transformation nach 1989 und nach der Wirtschafts- und Finanzkrise ab 2008 harte Reformen und Sparmaßnahmen umsetzen mussten, herrscht die Ansicht vor, dass die südlichen EU-Staaten keine finanzielle Solidarität verdient haben, schließlich hätten sie notwendige Reformen nicht umgesetzt. Diese Haltung verkennt, dass Italien, Spanien und Portugal infolge der Schuldenkrise einige harte Strukturmaßnahmen umgesetzt haben, auch wenn die Konsolidierungsmaßnahmen und Reformen nicht ausreichen mögen.

Der EU-Beitritt vieler mittel- und osteuropäischer Staaten war vor allem mit der Hoffnung auf wirtschaftlichen Wohlstand und finanzielle Unterstützung verbunden. Nach dem Scheitern des kommunistischen Experiments bot die EU eine attraktive Perspektive, um im Verbund zu neuer Stärke zu gelangen. Dieser Eindruck von der EU hat im Lichte der zahlreichen Krisen massiv gelitten. Gerade vor dem Hintergrund der eigenen wirtschaftlichen Erfolgsgeschichte wird das Wohlstandsversprechen der EU mittlerweile von Budapest bis Warschau laut in Zweifel gezogen.

Einige mittel- und osteuropäische Regierungen betonen in der Diskussion über die europäische Integration sehr stark die nationale Souveränität und prangern supranationale »Eingriffe Brüssels« in ihre eroberte oder zurückeroberte Souveränität nach 1989 an. Diese Haltung erklärt sich mit der neueren Geschichte der mittel- und osteuropäischen Länder. Vor dem Fall des Kommunismus hatten sie eine nicht vorhandene oder schwache demokratische Tradition. Einige existierten nur für kurze Zeit als freie und unabhängige Staaten, nach der langen Herrschaft des osmanischen, österreichischen und russischen Reiches. Die Slowakei und die Länder, die aus dem Zerfall Jugoslawiens hervorgegangen sind, hatten mit Ausnahme Serbiens in der Neuzeit nie als eigenständige Staaten existiert.

Der nationale oder gar souveräne Anspruch ist neben wirtschaftlichen Überlegungen ein wichtiger Faktor, der die Zurückhaltung der größeren Länder Mittel- und Osteuropas wie Polen, Tschechien oder Ungarn bei der Teilnahme am Euro erklärt. Souveränitätsbedenken gegenüber einer stärkeren supranationalen Integration werden durch die Tatsache verstärkt, dass der eigene Einfluss der Mittel- und Osteuropäer innerhalb der EU aufgrund ihrer geringen Größe – sie stellen nur 20 Prozent der Gesamtbevölkerung der Europäischen Union – eher schwach ist.

Dass sich kleinere Länder wie die baltischen Staaten, die Slowakei oder Slowenien dennoch der bisher tiefsten Form der Integration, der Wirtschafts- und Währungsunion, angeschlossen haben, basiert auf sicherheitspolitischen Erwägungen, da eine tiefere Einbindung zusätzlich zur NATO-Mitgliedschaft noch größeren Schutz verspricht. Beschleunigt wurde dieser Prozess zweifellos durch die zunehmend greifbare Bedrohung, die Russland gerade aus Sicht dieser kleinen Staaten seit der Annexion der Krim 2014 darstellt. Dies bewegte sie zum Beitritt – zu einem hohen Preis. Jeder Beitrittskandidat zur Eurozone muss bestimmte Konvergenzkriterien erfüllen, etwa zum öffentlichen Defizit und zum öffentlichen Schuldenstand. Weil Beitrittskandidaten durch die Erfüllung der Konvergenzkriterien solidere Wirtschafts- und Haushaltsdaten vorweisen müssen, als manch andere Mitgliedsstaaten sie heute haben, stehen diese Staaten automatisch auf der zahlenden Seite der neuen Stabilisierungsmechanismen im Euroraum.

Interessant ist das innereuropäische Ost-West-Gefälle im Hinblick auf die zunehmend geopolitische Welt. Die Haltungen gegenüber Russland unterscheiden sich in den mittel- und osteuropäischen Staaten massiv. Die physische Bedrohungswahrnehmung im Baltikum, in Polen und sogar in der Tschechischen Republik wird von den anderen mittel- und osteuropäischen Ländern wie Bulgarien, Ungarn, Slowenien und der Slowakei nicht geteilt. Angesichts der Ambivalenzen im Demokratieverständnis der vier letztgenannten Länder stellt dies eine Herausforderung für die EU dar. China erkundet erfolgreich, wie es seinen externen Einfluss durch Investitionen, Propaganda und während der Pandemie auch Masken- und Impfdiplomatie dafür nutzen kann, weitere Abhängigkeiten zu schaffen und Gräben zu vertiefen.

Die Reaktionen aus Mittel- und Osteuropa auf die US-Wahlen 2020 zeigten, wie sich das Systemproblem der westlichen liberalen Demokratie auswirkt: Einerseits waren alle mittel- und osteuropäischen NATO-Verbündeten erleichtert, dass US-Präsident Biden keinen Zweifel am Engagement seiner Administration für die NATO lässt. Aber etwa die polnische und die slowenische politische Führung wünschten sich seinen Sieg trotzdem nicht, weil er eine liberale Demokratie westlicher Prägung vertritt.

Schutzreflex Grenzschließung

Während der Flüchtlingskrise 2015 und 2016 waren sich die mittel- und osteuropäischen Länder in der Ablehnung der Aufnahme und Integration von Flüchtlingen einig. Langjähriges Misstrauen gegenüber dem Islam, insbesondere seitens der Länder, die der Herrschaft des Osmanischen Reiches unterworfen waren, und eine geringe Erfahrung mit außereuropäischer Einwanderung erklären diese Haltung zum Teil. Hinzu kommt die Politisierung der Situation durch rechtspopulistische Parteien an der Macht. Sie spielen mit den Ängsten der Bevölkerung, die mit Sorge hoch qualifizierten Nachwuchs abwandern sieht und wachsende Angst vor »Überfremdung« hat, auch wenn nur wenige Einwanderer überhaupt im Land sind. Obwohl der demografische Rückgang starke Argumente für die Einwanderung liefern könnte, bleibt in vielen Ländern die Ablehnung groß. In der Migrationskrise stellten sich die Regierungen in Mittel- und Osteuropa, unterstützt von Österreichs konservativem Bundeskanzler Sebastian Kurz, klar gegen Warnungen aus Brüssel und Berlin und kappten durch die Schließung ihrer Grenzen die Balkan-Migrationsroute.

Interessanterweise waren auch in der frühen Phase der Corona-Krise im Jahr 2020 mittel- und osteuropäische Länder unter den Ersten, die ihre Grenzen prompt und einseitig schlossen. Die nachgewiesenen Covid-19-Fälle waren zu diesem Zeitpunkt nicht besonders zahlreich, doch die Sorge war groß, dass ihre fragilen Gesundheitssysteme der Pandemie nicht gewachsen sein würden. Wie in früheren Krisen in der EU, in denen die EU ihren Mitgliedern nicht ausreichend Schutz bieten konnte, entscheiden Regierungen, allein zu handeln. Die Länder, die am fragilsten waren, wandten sich am schnellsten nach innen. Dieses Beispiel illustriert wie viele andere:

Der Mangel an europäischer Handlungsfähigkeit in Kombination mit inneren Schwächen gefährdet die europäische Integration.

Untergrabung der Demokratie

Die grundlegendste und folgenreichste Kluft zwischen den mittel- und osteuropäischen Staaten und dem Westen besteht in der Abkehr einiger Regierungen vom Modell der liberalen Demokratie. Besonders besorgniserregend sind die Entwicklungen in Ungarn und Polen, die heute schon als sogenannte »illiberale Demokratien« bezeichnet werden.

Der Rechtspopulist Viktor Orbán, der seit 2010 mit seiner Fidesz-Partei die ungarische Regierung führt, hat diesen Begriff für sein politisches Programm selbst gewählt, um sich von den Demokratievorstellungen seiner EU-Partner zu distanzieren. Unter seiner zunehmend autoritären Herrschaft hat die Unabhängigkeit der Justiz, der Medien, der Universitäten und der Forschung schweren Schaden genommen. Dieser ist mittlerweile so groß, dass der regelmäßig erscheinende Demokratie-Bericht der Nichtregierungsorganisation Freedom House den ungarischen Staat nicht mehr als Demokratie, sondern als Hybridregime wertet. Das Europäische Parlament aktivierte 2018 gegen Ungarn ein Verfahren nach Artikel 7 des EU-Vertrags. Es sieht eine genaue Prüfung der demokratischen und rechtsstaatlichen Prinzipien vor und kann, sollten diese verletzt sein, Sanktionen bis hin zum Stimmrechtsausschluss zur Folge haben. Im März 2021 verließen die Fidesz-Abgeordneten auf Druck ihrer Kollegen schließlich die Fraktion der Europäischen Volkspartei.

Auch in Polen zerstört die Regierung der Partei Recht und Gerechtigkeit (PiS), die seit 2015 wieder an der Macht ist, Schritt für Schritt die liberale Demokratie. Sie hat zwar eine weniger stabile politische Basis als Fidesz und die Verfassung noch nicht in einem vergleichbaren Maße demontiert. Doch der Absturz Polens in internationalen Demokratierankings ist erschreckend. Im März 2021 wurde

Polen im renommierten Demokratie-Index V-Dem als das Land identifiziert, das in einer Dekade den größten Punktverlust hingelegt hat. Damit löst es Ungarn ab, das noch 2020 diesen traurigen Rekord hielt. Polen rangiert nun weltweit auf Platz 63, direkt unter Bulgarien, Lesotho und der Mongolei. Unter den EU-Mitgliedsstaaten steht nur Ungarn auf Platz 89 schlechter da als Polen. Im Index von Freedom House verlor Polen auch kürzlich seinen Status als funktionsfähige Demokratie. Im jährlichen Korruptionsindex von Transparency International schlitterte Polen 2020 ebenso auf einen schlechten Platz, weil »die regierende Partei stetig Rechtsstaatlichkeit und Demokratie erodiert, was dafür gesorgt hat, dass die Korruption auf höchsten Ebenen im Machtapparat floriert«. Im World Press Freedom Index, der jährlich von der NGO Reporter ohne Grenzen zusammengestellt wird, fiel Polen 2020 auf Rang 62. Als die PiS-Partei im Jahr 2015 die Regierungsgeschäfte übernahm, lag das Land noch auf Rang 18.

Die polnische Regierung erklärt, dass ihre Politik gegenüber den Gerichten, den Medien, der Zivilgesellschaft nötig sei, um die Überbleibsel des vorherigen kommunistischen Regimes auszuräumen. Wenn von internationalen Beobachtern oder durch Regierungen Kritik geübt wird, argumentiert die politische Führung, dass diese die polnischen Besonderheiten nicht verstünden oder voreingenommen seien. Besonders problematisch für die Rechtsstaatlichkeit in Polen ist die Justizreform der PiS, durch die der Einfluss der Exekutive auf die Judikative signifikant ausgebaut wurde. Richter wurden frühzeitig in Rente geschickt, und die so geschaffenen freien Stellen werden seitdem von einem reformierten Landesjustizrat neu besetzt. Seit der Reform werden dessen Mitglieder vom Parlament gewählt und nicht mehr wie zuvor von anderen Richtern bestimmt. Weil der Justizminister nun auch die Rolle des Generalsstaatsanwalts innehat, kann die PiS politisch Einfluss auf die beiden wichtigsten Einheiten des Justizsystems, Richter und Staatsanwälte, nehmen. Das sind nur zwei konkrete Beispiele, die zeigen, wie die PiS die Rechtsstaatlichkeit abbaut.

Die EU versucht seit 2016 diesen Abbau der Rechtsstaatlichkeit zu stoppen. Zuerst mit einem Dialogformat, danach mit dem Verfahren gemäß Artikel 7 des EU-Vertrags und schließlich durch mehrere Klagen vor dem Europäischen Gerichtshof. Konkrete Versuche der EU, die Justizreform in Polen zu unterbinden, waren nicht von Erfolg gekrönt: Das Artikel-7-Verfahren verläuft sehr schleppend, und die Urteile des Gerichtshofs werden von Polen nicht umgesetzt.

Auch wenn der Demokratieabbau in Polen und Ungarn erschreckend ist, darf Mittel- und Osteuropa nicht über einen Kamm geschoren werden. Die vier Visegrad-Länder bilden keine einheitliche Gruppe in Bezug auf die Schädigung liberaler Demokratie, und doch sind auch die Entwicklungen in den anderen beiden Staaten besorgniserregend: In der Slowakei hat die Ermordung des Enthüllungsjournalisten Jan Kuciak und seiner Partnerin im Februar 2018 enorme Sorgen über die Verbindung zwischen organisiertem Verbrechen und dem Staat aufkommen lassen. In der Tschechischen Republik sind die Korruption und der Missbrauch europäischer Subventionen durch Ministerpräsident Andrej Babiš besorgniserregend.

Demokratie und rechtsstaatliche Prinzipien werden auch innerhalb einiger EU-Mitgliedsstaaten unterhöhlt. Das stellt eine enorme Gefahr für die EU insgesamt dar, zumal sie bislang keine wirksamen Maßnahmen entwickelt hat, um den inneren Angriffen zu begegnen. Die Gefahr der inneren Erosion wird von externen Akteuren genau beobachtet – und diese versuchen, die westliche Demokratie weiter zu schwächen.

Externe Einflussnahme

Der Systemkonflikt zwischen Autokratien und liberalen Demokratien spielt sich längst auch im Inneren der EU ab. »Russland und zunehmend China nutzen Desinformation und ähnliche Methoden, um die europäische Demokratie zu untergraben«, warnte Vera Jourova, Vizepräsidentin der Europäischen Kommission, Anfang 2020 in Brüssel. Gegen Angriffe und Einflussnahme dieses »digitalen Kriegs« müsse die Europäische Union sich mit neuen Instrumenten wehren.

Russland setzt vergleichsweise preiswerte Methoden ein, die aber wirkungsvoll sind: Durch Falschinformationen und die Verbreitung von Propaganda stiftet es Verwirrung und polarisiert. Mittlerweile gibt es verschiedene Stellen in der EU und der NATO, die Desinformationskampagnen entlarven und dagegen arbeiten. Hacking-Angriffe auch auf öffentliche Einrichtungen und politische Institutionen sowie Datenklau sorgen für Verunsicherung und werden mitunter strategisch vor Wahlen eingesetzt, um die Ergebnisse zu beeinflussen. Als Beispiel dafür gilt der Russland zugeschriebene Klau und die Verbreitung von E-Mails des Kampagnenteams von Emmanuel Macron, die mit Fake-Nachrichten vermischt wurden. Sie wurden im April 2017, zwei Tage vor der Stichwahl zwischen Macron und der französischen Rechtspopulistin Marine Le Pen, im Internet veröffentlicht und rasant auf sozialen Medien, auch mit Unterstützung von rechtsextremen Gruppen in den USA, verbreitet. Dies geschah zu einem Zeitpunkt, als die Wahlkampagne um das höchste Staatsamt offiziell abgeschlossen war und sich die Kandidaten nicht mehr öffentlich äußern durften.

China arbeitet subtiler und setzt viel Geld ein, um innerhalb der EU Einfluss auf Entscheidungsträger und die öffentliche Meinung zu nehmen. Ein Beispiel aus der Gesundheitskrise illustriert dies: Medienwirksam schickte Peking Atemgeräte, Masken und 300 Ärzte nach Italien, als das Land im März 2020 besonders von der Krise betroffen war. Außenminister Luigi di Maio dankte sofort: »Wir sind nicht allein. Es gibt Menschen in der Welt, die Italien helfen wollen.«

Über die folgenden Monate intensivierte China seine Masken- und Impfdiplomatie und begleitete sie mit Propaganda und Desinformation. Es bot gezielt Investitionen an und machte der EU und ihren Nachbarn Angebote zur Zusammenarbeit im Gesundheitsbereich. Seit Jahren versucht die Kommunistische Partei Chinas, sich Unterstützung bei der Politik- und Wirtschaftselite, aber auch bei Akademikern, Thinktanks oder auch Vereinen zu erarbeiten. Dabei konzentriert sich China aus einem sehr pragmatischen Kalkül heraus auf nationale Eliten und nicht auf die Brüsseler Entscheider. Peking sieht die EU als intern fragmentiert und manipulierbar an. Dieses

Räsonnement lässt sich bei dem einflussreichen Wissenschaftler Yan Xuetong der Tsinghua University nachlesen. In seinem Werk *Europa zur Neutralität bringen* legt er dar, wie Peking gegen China gerichtete Entscheidungen verhindern kann, indem es die EU-Mitgliedsstaaten in Gruppen aufteilt und diese je nach Interessenlage kultiviert. In den Bereichen, in denen die EU mit Einstimmigkeit entscheidet, reicht China eine einzige Stimme, die abweicht, um einen Beschluss zu blockieren. Sich diese zu sichern ist Chinas oberste Priorität.

Auch die USA, die über Jahrzehnte als einigende Kraft in Europa wirkten, versuchten von 2016 bis 2020 immer wieder, die Europäer zu spalten. US-Präsident Donald Trump unterstützte wiederholt die Brexiteers im Vereinigten Königreich sowie autoritäre und anti-europäische Kräfte in den verbliebenen EU-Mitgliedsstaaten. Sein ehemals engster Berater, Steve Bannon, beriet Europa-Kritiker wie die rechtsextreme Präsidentschaftskandidatin des Rassemblement National, Marine Le Pen, und Viktor Orbán. Auch mit der Partei Alternative für Deutschland hat er über mögliche internationale Kooperationen gleichgesinnter Parteien gesprochen, was allerdings nach bisherigem Kenntnisstand folgenlos blieb.

Deutlich lässt sich anhand dieser Beispiele nachvollziehen, wie gezielt externe Kräfte Europas Schwächen identifizieren und diese insbesondere während der Krisenjahre ausgenutzt haben, um die Gemeinschaft auseinanderzudividieren. Ein Schock für viele Europäer war, in welchem Maße auch der engste Alliierte, die Vereinigten Staaten, unter Präsident Trump daran mitwirkte. Diese Erfahrung hat dem Vertrauen der Europäer in die USA deutlich geschadet. Auch wenn die Biden-Regierung neue Chancen auf Kooperation bietet, bestehen doch keine Illusionen, dass sich das transatlantische Verhältnis wieder gegen die Europäer wenden kann, wenn das Land wieder von einer Person geführt wird, die kurzfristige Machtpolitik über langfristiges transatlantisches Engagement setzt.

Deutlich wird auch, dass Europäer bei Weitem nicht nur passive Opfer externer Einflussnahme von undemokratischen Kräften sind. Einzelne Politiker und Parteien in der EU und in unserer Nachbarschaft suchen gezielt die Zusammenarbeit mit undemokratischen

Regierungen oder Akteuren, die sich der Beschädigung liberaler Demokratien verschrieben haben. Das sind bei Weitem nicht nur Politiker extremistischer Parteien, sondern etwa mit Viktor Orbán Spieler, die bis Anfang 2021 bei den europäischen Konservativen der EVP zu Hause waren. Die Gegner von Demokratie und Rechtsstaatlichkeit sind in der Mitte Europas angekommen, und diese innere Gefahr ist für das Fortbestehen des europäischen Projekts die wohl größte Bedrohung.

In der Zwickmühle

Der Aufbau der EU basierte über Jahrzehnte auf der Annahme, dass der Konsens über grundlegende Werte und Prinzipien zunimmt, historische und kulturelle Unterschiede zwischen den Mitgliedsstaaten an Bedeutung verlieren und die sozioökonomischen Modelle Schritt für Schritt konvergieren. Heute sieht die Situation anders aus als erwartet: Die wirtschaftliche Konvergenz stagniert, die Interessen divergieren.

Das Fortbestehen der Gemeinschaft, wie wir sie kennen, hängt heute davon ab, ob die anhaltend unterschiedlichen Interessen und Perspektiven und die zugrunde liegenden strukturellen Unterschiede innerhalb der Gemeinschaft weiter bewältigt werden können. Je offener sie zutage treten, desto schwieriger wird die Aufgabe. Im Grunde braucht die EU eine Vertiefung der Zusammenarbeit und Instrumente, die bestehende Divergenzen ausgleichen und dabei helfen, langsam aber sicher gemeinsame Perspektiven und das Gefühl des Zusammenhalts zu stärken. Genau dafür aber sind gemeinsame Entscheidungen der Mitgliedsstaaten, oft mit Einstimmigkeit, und Investitionsbereitschaft in die gemeinsame Zukunft nötig.

Diese Schritte sind in einer Zeit bereits gewachsener Polarisierung immer schwieriger zu gehen, insbesondere, da die EU-Institutionen, wie die Europäische Kommission und das Europäische Parlament, nicht in gleichem Maße wie früher für politischen Zusammenhalt sorgen können. Das liegt nicht nur daran, dass die Polarisierung zwischen den Regierungen größer geworden ist, sondern auch daran, dass die Mitgliedsstaaten das Krisenmanagement bei größtem Druck oftmals eher unter sich und dabei auch an Brüssel vorbei betreiben. Dabei haben in den vergangenen Jahren immer wieder vor allem die großen Staaten eine Rolle gespielt, die Institutionen flankierten zeitweilig nur.

Die Europäische Union befindet sich in einer Catch-22-Situation, in einer Zwickmühle, aus der sie sich nur mit Geschick und großen Anstrengungen befreien kann: Sie muss stärker werden, um ihr Überleben zu sichern, doch genau dafür scheint sie nach so vielen Krisenjahren derzeit im Inneren zu schwach.

3
EUROPAS SELBSTBEHAUPTUNG

Es muss, aber es hakt

Kurz gesagt ist die Lage der EU nach eineinhalb Krisendekaden die folgende: Die Erschütterungen der vergangenen Jahre haben die Schwächen der EU offengelegt und Spannungen zwischen den Mitgliedsstaaten verstärkt. Auch wenn es der Gemeinschaft immer wieder gelungen ist, sich in Reaktion auf die Krisen im Inneren besser aufzustellen, bestehen nach wie vor Konstruktionsfehler. Diese sind der Politik zwar weithin bekannt, doch belasten sie jetzt die EU im Versuch, sich zwischen China und den USA zu behaupten. Wider besseren Wissens wurden in den vergangenen Jahren weitere nötige Reformschritte und Modernisierungsprozesse ad acta gelegt. Den Regierungen fehlten der politische Wille und die Kraft, europäische Lösungen etwa zum Umgang mit weiteren Migrationsströmen, zur Stärkung der Eurozone oder zur Verbesserung der Entscheidungsfähigkeit in außenpolitischen Fragen umzusetzen. In Brüssel, Berlin und anderen Hauptstädten sagen daher auch viele überzeugte Pro-Europäer unter den Entscheidern, dass erst in einer erneuten Krise die politischen Blockaden überwunden werden können, die einer Weiterentwicklung der EU im Wege stehen. Diese Haltung ist äußerst risikoreich, denn es lässt sich nicht vorhersehen, wie ernst eine abermalige Krise, etwa im Finanz- und Gesundheitsbereich, sein wird. Die Staatsverschuldungs- und Bankenkrisen vor knapp zehn Jahren haben den Euro bereits einmal ganz nahe an den Abgrund gedrängt. Niemand kann heute garantieren, dass die Regierungen es in einer ähnlich dramatischen Lage noch einmal schaffen, die Europäische Union und unsere gemeinsame Währung zusammenzuhalten. Außerdem haben wir keine Zeit zu warten: Wir wissen heute schon, dass uns der Klimawandel und künftige Migrationsentwicklungen in naher Zukunft vor allergrößte Herausforderungen stellen.

Besondere Merkmale der jüngsten Krisen waren ihre Geschwindigkeit und die kaskadenartigen Konsequenzen, die sie in unterschiedlichen Bereichen der EU gehabt haben. Für die Zukunft müssen wir daraus lernen, dass es angesichts der Vielzahl entgrenzter Risiken und Aufgaben deutlich komplexer ist, Krisen zu bearbeiten. Notwendig ist ein schnelles, präventives Handeln. Denn immer deutlicher zeichnet sich ab, dass die Risiken, die uns umgeben, Kipppunkte haben. Werden diese überschritten, wachsen sie sich zu realen Problemen aus, die die politischen, ökonomischen, gesellschaftlichen und ökologischen Systeme irreversibel schädigen. Denn der Schaden entzieht den Systemen zugleich die Grundlage für eine Regeneration. Die Zerstörungen, die die Klimakrise nach sich zieht, verdeutlichen wohl am radikalsten, was es bedeutet, wenn eine Rückkehr zum vorherigen Zustand unmöglich wird. Es muss viel mehr für Prävention getan werden. Doch durch politisches Nichthandeln und inhaltliche Fehler im Management der umfassenden Transition und das Ökologisierungsphlegma in Wirtschaft und Gesellschaft verschlechtern sich die Lebensbedingungen für die nächsten Generationen erheblich.

Auch die internationalen Herausforderungen – die alleine Grund genug sind, die EU zu stärken – belasten die Handlungsfähigkeit. Die gezielten Schwächungsversuche etwa durch Desinformationskampagnen oder politischen Druck von China und Russland und die unterschiedlichen Reaktionen der Mitgliedsstaaten darauf machen es Europa immer schwerer, die eigene Konsolidierung voranzutreiben.

Angesichts dieser sich zuspitzenden Situation müssen die Regierungen und die Bürgerinnen und Bürger der Europäischen Union ohne Illusionen, aber mit großer Entschiedenheit jetzt ihr Schicksal in die Hand nehmen, um die innere Modernisierung und Stärke und damit auch die internationale Gestaltungskraft Europas voranzubringen. Ziel sollte es sein, dass die EU, ihre Mitgliedsstaaten und ihre Partner auch mittel- und langfristig unsere Interessen an Stabilität, Wohlstand, Demokratie und selbstbestimmtem Handeln schützen können, kurz: unser westliches liberales Lebensmodell.

Die Liste der Maßnahmen, die die EU umsetzen könnte, um sich zu stärken, ist lang. Vier Themen verdienen besondere Aufmerksamkeit in der Welt des Großmachtwettbewerbs: die außen- und verteidigungspolitische Handlungsfähigkeit, die technologische Aufholjagd, der Schutz von Demokratie und Rechtsstaatlichkeit sowie die Stärkung der Europäischen Wirtschaft und die Bekämpfung des Klimawandels.

Außenpolitisches Erwachen

Angesichts der spannungsreichen Weltlage scheint die Europäische Union sich langsam, aber sicher einzugestehen, dass ihre bisherige Herangehensweise an internationale Herausforderungen aus der Zeit gefallen und ihre begrenzte Handlungsfähigkeit eine Gefahr ist. Kaum ins europäische Spitzenamt gewählt, erklärte sich Ursula von der Leyen 2019 zur Präsidentin einer »geopolitischen Kommission«, die mit daran arbeiten solle, dass sich Europa in der Welt besser behaupten kann. Zu dieser Zeit stand die EU unter enormem Druck durch den damaligen US-Präsidenten Donald Trump. Der Machtkampf zwischen den USA und China war in vollem Gange und hat sich seither zum Systemkonflikt zugespitzt. Internationale Organisationen und multilaterale Formate sind weiterhin fragil, obgleich sich US-Präsident Biden der multilateralen Zusammenarbeit verschrieben hat. Die Anzahl akuter und eingefrorener Konflikte in Europas Nachbarschaft ist gestiegen. Russland, die Türkei, der Iran und Saudi-Arabien dehnen ihren Einfluss aus. Die Covid-19-Pandemie enthüllte, wie verwundbar Europas Versorgungssicherheit und Wertschöpfungsketten sind.

Derzeit kann die Europäische Union die Interessen ihrer Bürgerinnen und Bürger nicht ausreichend schützen, dafür hat sie international deutlich zu wenig Einfluss. Die europäischen Entscheidungsträger haben in den vergangenen Jahren zwar viel über ihre internationale Rolle geredet, genug getan dafür haben sie nicht. Dies ist umso beunruhigender, als dass die Politikfelder, mit denen die EU international umgehen muss, deutlich mehr und deutlich verwobener geworden sind: Sorgen um die internationale Handlungsfähigkeit müssen sich die politisch Verantwortlichen nicht nur in Verteidigungs- und Sicherheitsfragen machen, einer traditionellen und viel beklagten Schwachstelle der EU. Gleiches gilt in neueren Feldern wie der Technologie und Digitalisierung, im Hinblick auf seit Langem antizipierte globale Gesundheitsrisiken, den Migrationsdruck in Richtung Europa und den globalen Klimawandel. Ebenso drängend sind der Erhalt der Wettbewerbsfähigkeit der Wirtschaft und die Entwicklung der Währung und der finanzpolitischen Instrumente in einem globalen System im Umbruch. Kein Mitgliedsstaat kann allein seine Interessen wirksam verteidigen, da keiner ausreichende Machtressourcen dafür hat. Diese liegen bei der EU derzeit noch vor allem im Bereich der Soft Power und nicht in der harten Sicherheit und Verteidigung.

Machtpolitik lernen

In einer Welt, wo zunehmend um Einfluss, Kontrolle von Technologien und Zugang zu Ressourcen konkurriert wird, hat die Europäische Union keine andere Wahl, als eine eigenständigere Machtpolitik zu entwickeln. Tut sie dies nicht, bleibt sie Spielball für andere. Dabei geht es nicht nur darum, sich selbst vor Eingriffen anderer zu schützen. Angesichts der anhaltenden Instabilität und Konflikte in den Nachbarregionen wie dem Nahen und Mittleren Osten, im Sahel und Nordafrika muss die EU aktiver eingreifen. Schaut sie weiter nur zu, schaffen andere Fakten, mit denen die EU dann umgehen muss. Nehmen wir das Beispiel Syrien: Die EU spielte keine Rolle in der Verhandlung zur Beilegung des Krieges mit dem von Putin maßgeblich unterstützten Präsidenten Assad. Selbstverständlich aber haben die Europäer Interesse daran, das Land zu stabilisieren, um die humanitäre Notlage zu lindern, um Migrationsdruck zu reduzieren und Terrorismus einzudämmen. Weil sie in den Friedensverhandlungen nicht dabei waren, bleibt ihnen aber nur ein enger Handlungsrahmen, den sie selbst nicht beeinflussen können. Und damit stabilisieren sie auch einen Machthaber, der wegen kriegerischer Handlungen, Menschenrechtsverletzungen, des Bruchs von Chemiewaffenkonventionen und anderer Vergehen verurteilt werden müsste.

Zwangsläufig sieht die EU die Welt zunehmend so, wie sie ist, und weniger so, wie sie sie gerne hätte. Dazu mussten Europa und Deutschland eine gewisse Naivität ablegen und die Gefahren für unsere offene Gesellschaft und unser demokratisches politisches System ernst nehmen. Wichtig ist es aber auch, die Rolle der EU selbst realistisch einzuschätzen: Noch ist sie ein wirtschaftliches Schwergewicht, das allerdings außen- und sicherheitspolitisch weit unter seinem Potenzial bleibt. Der Vize-Präsident der Europäischen Kommission und Hohe Vertreter der EU für Außen- und Sicherheitspolitik, Josep Borrell, fasst es so zusammen: »Europa muss die Sprache der Macht lernen« – und Handlungsfähigkeit entwickeln, also neue, effektive Instrumente und die Bereitschaft, schnell und entschieden zu handeln.

Dafür braucht die EU ein geschärftes Verständnis der Herausforderungen und Zusammenhänge und einen höheren Anspruch an sich selbst als internationalen Akteur. Anders als die USA, die in der Lage sind, eine *Grand Strategy* zu entwickeln, oder China, das mit Hilfe der Belt-and-Road-Initiative geschickt seine Macht ausbaut, hat die EU keine umfassende Zielsetzung und ringt im Inneren mit den unterschiedlichen Auffassungen der Mitgliedsstaaten. Ihr Problem ist auch, dass die verschiedenen Politikfelder nicht ausreichend zusammengezogen werden: Wie in einem Silo entwickelt sich jede Politik nach ihrer eigenen Logik und ihrem eigenen Rhythmus. Die EU muss noch deutlich besser darin werden, ihre Instrumente als Teil einer politischen Gesamtstrategie zu nutzen.

Gelingt es der EU, nach außen geeinter aufzutreten, dann kann sie ihre vielfältigen Einflussmöglichkeiten viel gezielter einsetzen: Sie hat beispielsweise durch ihren gemeinsamen Markt eine große normative Macht. Sie kann Standards definieren, etwa im Bereich des Verbraucherschutzes oder der Technologie. Wenn diese von anderen Staaten oder Regionen übernommen werden, um mit dem europäischen Markt handeln zu können, stärkt dies die Wettbewerbsfähigkeit europäischer Unternehmen und erlaubt der EU, ihre Prinzipien international zu verbreiten. Die Gemeinschaft leistet zudem Finanzhilfen, die sie an Bedingungen knüpft, sie kann ihre Handels- und Investitionspolitik strategisch einsetzen, um Beziehungen zu anderen Staaten und Weltregionen zu verfestigen und ihre Prinzipien zu verbreiten, sie hat Delegationen in aller Welt als Teil des Europäischen Auswärtigen Dienstes. Und sie hat starke Mitgliedsstaaten, die – sofern die Koordination untereinander gelingt – die gemeinsamen Politiken durch ihre Macht und ihren Einfluss unterstützen können.

Die EU muss bei ihrer Weiterentwicklung als internationaler Akteur zwei bequeme und liebgewonnene Grundannahmen infrage stellen. Sie muss erstens darauf reagieren, dass weltweit offene Märkte nicht einfach nur Wohlstand versprechen, sondern Risiken und Abhängigkeiten in sich bergen. Zwar ist in den vergangenen Jahrzehnten die Welt durch die wirtschaftliche Verflechtung enger zusammengewachsen und friedlicher geworden. Doch der ausgeprägte Machtappetit einiger Staatslenker, die Fragilität des internationalen Systems und neue Bedrohungen wie die Pandemie – die eigentlich Drama genug ist und doch von Staaten wie China oder Russland ausgeschlachtet wird, um ihren Einfluss auszubauen – beweisen, dass Europa sich besser aktiv schützen muss, um seine Interessen zu wahren und Verantwortung für seine Zukunft zu übernehmen. Dazu gehört es auch, Abhängigkeiten zu reduzieren, um Entscheidungsspielräume zu gewinnen und die eigene Resilienz in den Mittelpunkt zu stellen.

Zweitens muss die EU anerkennen, dass globale Regeln kooperatives Handeln und friedliche Konfliktbeilegung immer weniger garantieren können. Um sich als westliche liberale Gemeinschaft zu behaupten, zu schützen und international selbst mitgestalten zu können, muss sie daher lernen, in Allianzen, Machtkategorien und Kompromissen zu denken. Das bedeutet: Die EU sollte überprüfen, wie sie etwa ihre große Wirtschaftsmacht gezielt einsetzen kann, um gemeinsam mit Partnern ihre wichtigsten Interessen zu verteidigen, und welche Kompromisse sie schließen kann, um Angriffe abzuwehren. Heute ist die EU dazu noch nicht in der Lage. Das zeigt sich unter anderem in der Art, wie die Entscheidungsmechanismen organisiert sind. Es zeigt sich auch daran, dass die Mittel, die zur Verfolgung von außenpolitischen oder sicherheits- und verteidigungspolitischen Zielen im EU-Budget bereitgestellt werden, angesichts der neuen Herausforderungen fast lächerlich gering sind. Die EU verlässt sich in dieser Hinsicht stark auf die Mitgliedsstaaten, was wiederum die Koordinierungsanforderungen hebt und Entscheidungen verlangsamt. Um aus geopolitischer Sicht nicht noch weiter an Bedeutung zu verlieren, muss die EU alle Instrumente der Machtausübung – politische, wirtschaftliche, finanzielle und militärische sowie ihre politische Strahlkraft – gezielt und koordiniert einsetzen können, denn andere tun das auch.

Gemeinsames Verständnis erarbeiten

Vorher muss noch etwas viel Grundlegenderes geschehen. Es mag banal klingen, aber es ist immer noch eine Herausforderung für die EU: Der erste Schritt, um Europas geopolitisches Erwachen auch in entschiedenes Handeln umzusetzen, ist eine gemeinsame Lageanalyse. »Es fehlt unter den Europäern ein gemeinsames Verständnis der Welt. Das ist ungünstig, da man die Welt verstehen muss, um Veränderung zu bewirken«, erklärte Josep Borrell Anfang 2021 im Gespräch mit der französischen Online-Plattform *Le Grand Continent*. Dazu gehören im veränderten internationalen Kontext die gemeinsamen Definitionen von Herausforderungen und ihre Einordnung.

Die EU-Mitgliedsstaaten verfügen über unterschiedliche strategische Kulturen, die Prioritäten und Perspektiven variieren von Land zu Land. Frankreich etwa schaut stark nach Afrika und in den mediterranen Raum, als besonders wichtige Sicherheitsbedrohung gilt islamistischer Terror. Aus Sicht Polens gehen die größten Gefahren von Russland aus, die USA sind ein unabdingbarer Sicherheitsgarant auf unserem Kontinent. Die Vielfalt von Perspektiven ist einerseits eine Stärke der EU und erlaubt ihr, die Welt in ihrer Komplexität besser wahrzunehmen, als es einzelne Regierungen können. Andererseits bedeutet sie, dass die EU um ein gemeinsames, realistisches Bild unserer Partner und Kontrahenten und der internationalen Rahmenbedingungen ringen muss.

Über die vergangenen Jahre mussten die Europäer ihren Blick auf die gemeinsamen Herausforderungen schärfen. Zunächst zwang Moskau die EU zum Umdenken. Unter dem Eindruck der gewaltsamen Grenzverschiebung durch Russlands Annexion der Krim und seine Interventionen in der Ostukraine musste die EU ihre Strategie der Europäischen Nachbarschaftspolitik 2015 überprüfen und neu ausrichten. Die Globale Strategie der EU von 2016 erweiterte den früheren Anspruch explizit: Es geht nicht mehr nur darum, Nachbarstaaten und entlegenere Länder in ihrer Transformation zu westlichen Demokratien zu unterstützen. Das Papier beschreibt konkurrierende Interessenlagen und die Bedeutung europäischer Machtpolitik: »Die Vorstellung von Europa als einer ausschließlich ›zivilen Macht‹ wird der sich entwickelnden Wirklichkeit nicht gerecht. […] Strategische Autonomie der Europäischen Union […] ist notwendig, um die gemeinsamen Interessen unserer Bürger sowie unsere Grundsätze und Werte zu fördern. […] Unsere Außen- und Sicherheitspolitik muss globalen Druck und lokale Dynamik meistern; sie muss mit Supermächten und zunehmend zerrütteten Identitäten umgehen können.« Die Tatsache, dass Europa mit Kräften umgehen muss, die gezielt Staaten und Gesellschaften untergraben, wird in der 2016er-Strategie noch vor allem als Problem von Drittstaaten gesehen, deren Resilienz die EU unterstützen müsse. Heute geht es um die EU selbst.

Entscheidend für Europas Selbstbehauptung ist ein realistisches Bild von China. Und das hat sich über die vergangenen Jahre stark verändert. In der Mitteilung »EU – China – Strategische Perspektiven« aus dem März 2019 charakterisiert die Europäische Kommission China als »systemischen Herausforderer« und »wirtschaftlichen Wettbewerber«, sie erkennt aber gleichzeitig an, dass Peking ein wichtiger Verhandlungs- und Kooperationspartner in bestimmten internationalen Fragen wie dem Klimawandel ist. Das Dokument setzt bis heute den Rahmen für die China-Politik der EU. Wenngleich sich die Interessen und Abhängigkeiten der einzelnen Mitgliedsstaaten gegenüber China unterscheiden und sich daraus immer wieder unterschiedliche Positionen ergeben, war dies ein wichtiger Schritt in Richtung einer kohärenteren und selbstbewussteren Herangehensweise gegenüber China. Ganz praktisch gesehen begann Europa, sich durch konkrete Maßnahmen selbst zu schützen. Heute machen etwa Investitionskontrollen transparent, wohin ausländisches Geld fließt. Zu Recht stoppen die Regierungen Übernahmen und Investitionen in kritischeren Sektoren wie zum Beispiel der IT- und der Gesundheitsbranche.

Schritt für Schritt definiert die EU Strategien gegenüber Machthabern wie Wladimir Putin, Recep Tayyip Erdoğan und Xi Jinping, mit denen der Umgang aufgrund ihrer Rücksichtslosigkeit zunehmend schwieriger und unangenehmer wird. Diese setzen auf wirtschaftlichen Zwang und politische Einflussnahme, sie sind gewaltbereit, sie mischen sich in internationale Konflikte ein, um als Verhandlungspartei mit am Tisch zu sitzen. Sie bauen totalitäre Kontrollmechanismen aus – im Inland oder, wie China, auch im Ausland, und sie verknüpfen Instrumente unterschiedlichster Bereiche mit dem Ziel, ihre Macht und ihren Einfluss strategisch weiter auszubauen. Dazu gehören etwa die Stärkung internationaler Netzwerke und das Schaffen von Abhängigkeiten. China und Russland kombinieren Propaganda, Desinformationskampagnen, Cyberangriffe, Sabotageakte und mobilisieren gesellschaftliche Gruppen. Peking hat zudem seinen Einfluss über seine gezielte Investitionspolitik im Rahmen der Belt-and-Road-Initiative weiter ausgebaut. Weniger bekannt, aber ein zunehmendes Problem ist der Ausbau türkischer Netzwerke. Sie dienen der Einflussnahme und der Machtsicherung des Erdoğan-Regimes und sind vor allem in Deutschland mit seiner großen türkischen und türkischstämmigen Community aktiv. Dem größten Mitgliedsverband des Zentralrats der Muslime, ATIB, bescheinigte der Bundesverfassungsschutz in seinem Jahresbericht 2021 eine

Ideologie, »die eine Überhöhung des Türkentums vertritt und von einem ausgeprägten Freund-Feind-Denken geprägt ist, das zu systematischer Abwertung anderer Volksgruppen oder Religionen, insbesondere der Kurden und des Judentums führt.« Die Bundesregierung bezeichnete die als rechtsradikal und islamistisch geltende UID als einen von Funktionären der Erdoğan-Partei AKP beaufsichtigten Lobbyverein, der versuche, »den politischen Willensbildungsprozess in Deutschland im Sinne der AKP zu beeinflussen«.

Immer wieder stellen autokratische Regime gezielt europäische Politiker bloß, wie es Russlands Außenminister Sergej Lavrov mit dem Hohen Vertreter der EU, Borrell, bei einer Pressekonferenz gemacht hat, oder wie im Frühjahr 2021 die »Sofagate«-Affäre gezeigt hat. Borrell war im Februar 2021 mit der Forderung nach Moskau gefahren, dass der Oppositionelle Alexei Nawalny freigelassen werde. Statt sie wirksam zu übermitteln, wurde er öffentlich bloßgestellt: Just während er mit Lavrov im Gespräch war, wurden drei EU-Diplomaten ausgewiesen – ein diplomatischer Affront und ein Hinterhalt für den darüber nicht informierten Außenbeauftragten, der keine Chance hatte, darauf während der Pressekonferenz, in der Lavrov zudem mit Falschaussagen und russischer Propaganda aufwartete, gesichtswahrend zu reagieren.

Beim Besuch in Ankara bekam die Präsidentin der Europäischen Kommission, Ursula von der Leyen, nur einen Platz auf dem entfernt stehenden Sofa zugewiesen, während der türkische Präsident Erdoğan und der Präsident des Europäischen Rats, Charles Michel, auf den für das Gespräch bereitgestellten Sesseln vor europäischen und türkischen Fahnen thronten. Damit desavouierte Erdoğan nicht nur die Kommissionspräsidentin, er legte dabei das ungute Hierarchiegerangel der beiden Führungskräfte aus Brüssel offen, die durch diese Episode beide ein schwaches Bild abgaben.

Beide Provokationen führten eine nach außen schwache EU vor, deren Vertreter sich provozieren und bloßstellen lassen. Für die Europäische Union ist das unangenehm, aber kein Grund, sich zurückzuziehen. Trotz anhaltender Provokationen, Sanktionsspiralen und Drohungen muss sie gerade mit den schwierigen

Partnern Kooperationswege finden. Das geht nur in Form eines selektiven Engagements. Chinas Beispiel verdeutlicht dies: Zusammenarbeit etwa im Klimaschutz oder der Rüstungskontrolle sollte dringend gesucht werden. Aber dies steht überhaupt nicht im Widerspruch dazu, dass die EU sich stärker schützen muss, etwa, indem sie chinesische Investitionsvorhaben in der EU stärker unter die Lupe nimmt und sie dann ablehnt, wenn sich chinesische Unternehmen in kritische Industrien oder an sensiblen Punkten in Wertschöpfungsketten einkaufen wollen. Die Wirtschaftsbeziehungen sollte die EU mit China aufrechterhalten, aber wo immer möglich fordern, dass Peking Nachhaltigkeitsziele und Menschenrechtsstandards einhält.

Die für die EU wohl wichtigste Entscheidung ist die Positionierung gegenüber den USA, deren zentrales außenpolitisches Anliegen gegenüber Europa die Erarbeitung einer transatlantischen China-Strategie ist. Washington will seine europäischen Alliierten eng auf seine Seite ziehen im Versuch, den Aufstieg Chinas zur vorherrschenden Weltmacht zu bremsen. Wenngleich Europa rhetorisch den Machtkampf zwischen China und den USA anerkennt und im Systemwettbewerb eindeutig im westlichen Lager steht, haben einige europäische Regierungen es so lange wie möglich vermieden, sich in sicherheitssensiblen Bereichen der wirtschaftlichen Zusammenarbeit festzulegen. Ein Beispiel ist die Frage, ob von dem chinesischen Telekomanbieter Huawei 5G-Technologie gekauft wird. Huawei bot einerseits führende Technologie zu wettbewerbsfähigen Preisen und versprach baldige Lieferung – all das liegt im Interesse der Öffentlichkeit und auch der europäischen Telekomindustrie. Aber gleichzeitig stellt Huawei aus europäischer Sicht ein Risiko dar – die Kontrolle durch die Regierung kann Huawei zu einem Sicherheitsrisiko und einem Instrument für Sabotage machen. Diese Abwägung zwischen Wirtschafts- und Sicherheitsinteressen ist schwierig, Europa konnte sie aber nicht allein und für sich treffen: Donald Trump drohte Großbritannien, es von der geheimdienstlichen Zusammenarbeit auszuschließen, sollte Huawei 5G-Komponenten in britischen Telekomnetzen stellen. Den Europäern wurde in dieser Situation ihre vielfältige Abhängigkeit klar – und die Diskussion um Wege, wie Europas Eigenständigkeit gestärkt werden könne, kam in Gang.

Strategisch autonom, strategisch handlungsfähig

Die keineswegs neue Idee der »europäischen strategischen Autonomie« bekam unter dem kombinierten Druck Chinas und der USA plötzlich Aufwind. Sie bezeichnet die Fähigkeit der Europäischen Union, ihre politischen Prioritäten selbst zu definieren und umzusetzen. Neu ist sie nicht. Vor mehr als acht Jahren setzten die Staats- und Regierungschefs in den Schlussfolgerungen des Europäischen Rates dieses Ziel auf höchster politischer Ebene. Die Globale Strategie übernahm es 2016. Nicht alle Regierungen mögen den Autonomie-Begriff, denn es besteht etwa in Warschau oder Riga die Sorge, dass er als Abkehr von den USA gewertet werden könnte. Auch die Bundesregierung spricht lieber von »europäischer Souveränität«. Gemeint wird aber Ähnliches: selbstbestimmte Entscheidungs- und Handlungsfähigkeit.

Zunächst wurde das Konzept der strategischen Autonomie vor allem für die Außen-, Sicherheits- und Verteidigungspolitik verwendet. Mittlerweile werden in diese Überlegungen auch ganz andere Politikfelder einbezogen: Wirtschafts-, Handels-, Währungs- und Technologiepolitik sind mit ins Zentrum gerückt, denn sie sind heute auch essenziell dafür, dass die EU ihre Interessen wirksam vertreten kann. Denn Europa muss damit rechnen, dass andere einen ganzen Strauß an Instrumenten auspacken, um ihre Interessen zu vertreten – und dies gilt nicht nur für China, sondern genauso für den Alliierten USA. Zwar ist jetzt mit Joe Biden ein Transatlantiker an der Macht, doch sein Vorgänger setzte die Europäer mit Zöllen unter Druck, wollte ein Medizinunternehmen aufkaufen, drohte mit extraterritorialen Sanktionen und machte damit den Europäern eine unabhängige Iranpolitik unmöglich.

Heute sind sich die Europäer nicht ganz einig, mit welchem transatlantischen Verhältnis sie rechnen sollen und wie stark die NATO Europa absehbar schützt. Natürlich ist die Hoffnung groß, dass Biden strikt zu den Versprechen der Allianz steht. Aber was kommt danach? Sollte Europa sich nicht längst vorbereiten auf eine zweite Amtszeit von Trump oder einem anderen US-Präsidenten, der die transatlantische Partnerschaft und damit Europas Sicherheit untergräbt? Die Lage ist nicht unkompliziert: Auch als Donald Trump die Europäer offen unter Druck setzte, befürchteten viele, das Streben der EU nach eigener Stärke und Handlungsfähigkeit unter dem Schlagwort »strategische Autonomie« könne Trump erst recht die Begründung dafür liefern, die NATO zu kippen – ohne dass Europa selbst verteidigungsfähig wäre. Diese Sorge besteht auch unter Joe Biden weiter: Zwar will der erklärte Multilateralist das transatlantische Verhältnis beleben, doch die Republikaner könnten eine vermeintliche Abkehr Europas im US-Kongress gegen den demokratischen Präsidenten ausspielen. Verständlicherweise ist diese Sorge besonders unter den Balten und Polen verbreitet, die die Bedrohung Russlands durch ihre geografische Nähe deutlich spüren. Natürlich braucht die EU mittelfristig die transatlantische Partnerschaft, um geopolitische Macht zu projizieren. Mehr für die europäische Sicherheit zu tun muss daher als größerer Beitrag zur transatlantischen Sicherheit gestaltet werden. Das bedeutet: Europäische Verteidigungsinitiativen müssen NATO-kompatibel sein, und die EU sollte ihr Vorgehen gegenüber Russland oder China sowie in der Indo-Pazifik-Region zum Kern der transatlantischen Agenda machen. Eine sehr enge Zusammenarbeit etwa im Kampf gegen den Klimawandel, bei Abrüstungsinitiativen oder auch im Bereich der technologischen Standardsetzung ist mit der jetzigen US-Führung zumindest für einige Zeit möglich.

Allerdings kann die EU sich nicht dauerhaft darauf verlassen, dass die USA als starker Partner jederzeit an ihrer Seite steht. Mittelfristig muss sich die EU selbst besser schützen können. Präsident Biden ist für vier Jahre gewählt. Was danach kommt, kann niemand voraussagen.

Verteidigungspolitik

Bereits in der Globalen Strategie von 2016 ermahnte sich die EU, mehr Verantwortung für ihre eigene Sicherheit zu übernehmen. Schon vor der Trump'schen Infragestellung der NATO wies die Globale Strategie auf die Notwendigkeit hin, die EU zu einem glaubwürdigen Akteur in der internationalen Sicherheitspolitik, insbesondere im Krisenmanagement, zu machen. Damals, wie heute auch, fehlten den EU-Staaten aber militärische Fähigkeiten und Einigkeit darüber, mit welchem Ziel diese eingesetzt werden sollten.

Doch der Brexit und Trump mit seiner Konfrontationshaltung brachten ungewollt Bewegung in die EU. Es gibt nun einen Europäischen Verteidigungsfonds, der gemeinsame Forschungs-, Entwicklungs- und Beschaffungsvorhaben der Mitgliedsstaaten mitfinanziert. Jährlich werden die nationalen Verteidigungskapazitäten im Zuge der »Coordinated Annual Review on Defence« (CARD) überprüft. Das Ziel hierbei: Transparenz herzustellen, was die EU-Mitglieder überhaupt leisten könnten, und die nationalen Verteidigungsplanungen besser zu koordinieren. Gerade in wirtschaftlich schwierigen Zeiten wie in der Covid-Krise, wenn die Verteidigungsbudgets sinken, sind Synergien wichtig. Transparenz und Arbeitsteilung im Rüstungsbereich sind in der EU allerdings bei Weitem noch nicht selbstverständlich.

Deutschland und Frankreich ergriffen weitere Initiativen, um die militärische Zusammenarbeit innerhalb der EU zu vertiefen. Mit der Strukturierten Zusammenarbeit PESCO (Permanent Structured Cooperation) sollten auf Grundlage des Lissabon-Vertrags (Artikel 42, Absatz 6) Staatengruppen verteidigungspolitisch enger zusammenarbeiten – auch dies ein wichtiges Zeichen des Zusammenhalts angesichts der Entscheidung Großbritanniens, die EU zu verlassen. Bei der konkreten Ausgestaltung der Zusammenarbeit treffen wieder einmal grundsätzliche deutsch-französische Unterschiede aufeinander: Deutschland wollte mit möglichst vielen Staaten starten und die Integration durch Institutionen nachhaltig vertiefen. Paris strebte eine militärische Kooperation einsatzfähiger Staaten an, die im Falle einer Krise in Europas Umgebung rasch gemeinsam eingreifen können.

Die PESCO startete am 11. Dezember 2017 mit 25 EU-Staaten, nur Malta und Dänemark hielten sich zurück. Paris verfolgt parallel die Europäische Interventionsinitiative weiter, denn die PESCO erschien dem französischen Präsidenten zu schwerfällig, um schnelle und flexible Einsätze zu ermöglichen. Beide Formen der Zusammenarbeit haben ihre Bedeutung, da sie die EU in die Lage bringen, anspruchsvollere militärische Aufgaben zu bewältigen, müssen sich allerdings auf die Kooperationswilligkeit der Mitgliedsstaaten verlassen können. Und nur eine fähigere und entschlossenere EU kann mit Verbündeten und anderen Partnern auf Augenhöhe zusammenarbeiten.

Ein Problem aber bleibt: die Frage, ob es überhaupt gemeinsame europäischen Prioritäten gibt – und wenn ja, welche. Manche Regierungen, die die Europäische Interventionsinitiative ablehnen, befürchten, dass französische Partikularinteressen die regionalen Einsatzschwerpunkte bestimmen und eben nicht europäisch vereinbarte strategische Prioritäten. Denn diese gibt es noch nicht.

Strategischer Kompass

Es ist dringend notwendig, dass die Europäer eine gemeinsame strategische Vision entwickeln, Prioritäten klar benennen und entsprechend handeln. Dies ist umso wichtiger, da die Sicherheitslage Europas noch schwieriger werden wird, durch mehr und komplexere Krisen und Konfliktformen und durch die daraus folgende Notwendigkeit, unterschiedliche Kapazitäten einzusetzen. Die Priorisierung von Ressourcen und die gemeinsame Entwicklung von Fähigkeiten erfordert europäisches Denken und Handeln der Mitgliedsstaaten auf der Grundlage eines strategischen Konsenses über die Zukunft der europäischen Verteidigung in einem sich verändernden globalen Kontext.

Höchste Zeit ist es daher, dass sich die EU einen »Strategischen Kompass« gibt, der Bedrohungen und Herausforderungen identifiziert, die alle Europäer betreffen, und der Ziele benennt, die von einer breiten politischen Einigkeit und einem festen politischen Willen zum Handeln getragen werden. Er soll die Grundlage dafür bieten, dass die Europäische Union konkrete Schritte beschließt, um ihre Handlungsfähigkeit zu verbessern – in gegenseitiger Verstärkung und Kohärenz mit der NATO – und gleichzeitig zu einem neuen transatlantischen Konsens mit der Biden-Administration beizutragen.

Natürlich kann eine solche vor allem nachrichtendienstliche Bedrohungsanalyse spezielle Prioritäten einzelner EU-Staaten mit ihrer jeweiligen Geografie und Geschichte nicht ersetzen. Aber sie sollte aus den unterschiedlichen nationalen Perspektiven ein gemeinsames europäisches Verständnis wachsen lassen. Die Förderung einer »gemeinsamen europäischen Sicherheits- und Verteidigungskultur«, wie sie der Rat im Juni 2020 bezeichnete, beginnt mit einem gemeinsamen Verständnis der Bedrohungen und Herausforderungen, denen sich Europa kollektiv gegenübersieht, im Lichte der gemeinsamen Interessen und Werte, die es zu verteidigen versucht. Sie entwickelt sich nicht über Nacht und auch nicht auf einem Stück Papier, doch die Arbeit am Strategischen Kompass sollte ernst genommen werden als Grundlage für die notwendige Anpassung der gemeinsamen Sicherheits- und Verteidigungspolitik an das veränderte sicherheitspolitische Umfeld des 21. Jahrhunderts. Permanenter Dialog hierüber, im EU- und im NATO-Kontext, sowie die praktische Zusammenarbeit, etwa in PESCO-Projekten, werden Schritt für Schritt für eine Annäherung sorgen. Aber am Ende wird es immer von der Einsicht und Kooperationsbereitschaft der Regierungen abhängen, ob die Europäer wirklich gemeinsam vorankommen.

Mit oder ohne die USA?

Die Schwäche der europäischen Verteidigungspolitik spiegelt die Stärke der NATO, die Europas Sicherheit seit ihrer Gründung garantiert und den Europäern, auch Deutschland, über Jahrzehnte viel Verantwortung und Arbeit abgenommen hat. Wenn über die Stärkung der EU-Verteidigungspolitik gesprochen wird, geht es daher ganz besonders um das Verhältnis zu den USA. Die Sicherheit, die die transatlantische Allianz bietet, erklärt mit, warum über die Jahrzehnte manche Mitglieder wie seinerzeit Großbritannien oder auch einige Mittel- und Osteuropäer die EU nicht als relevanten Rahmen für die verteidigungspolitische Zusammenarbeit gesehen haben.

Trotzdem ist die Frage, wie Europa mehr sicherheitspolitische Eigenverantwortung übernimmt, schon sehr lange eine drängende. Sie war sehr relevant, als die Europäer unfähig waren, in den 1990er Jahren auf dem westlichen Balkan zu intervenieren. Oder als sie mit dem Unilateralismus der republikanischen Bush-Administration Anfang der 2000er Jahre konfrontiert waren, die kaum Wert auf eine Abstimmung mit den Europäern legte, und als sie mit dem Ausbruch von Instabilität und Konflikten in der europäischen Nachbarschaft durch das Verhalten Russlands und den Arabischen Frühling in den 2010er Jahren kämpften. Als US-Präsident Trump die NATO als »veraltet« abtat, war der Schock groß. Denn bis heute und auf absehbare Zeit, nämlich bis sich etwas sehr Grundlegendes in der EU tut, ist die amerikanische Beteiligung an der europäischen Sicherheit unverzichtbar.

Allein kann Europa heute lediglich kleine Militäroperationen mit geringerem Spektrum darstellen. Damit kann es seine eigenen Interessen nicht schützen. Eine geopolitische EU braucht ein ernsthafteres militärisches Anspruchsniveau, nicht nur für Operationen in Konfliktgebieten wie Nordafrika und der Sahelzone, sondern auch für den Schutz ihrer ökonomischen Interessen, insbesondere im indo-pazifischen Raum, wo Europa dringend offene Seewege benötigt. Europäische Handlungsfähigkeit sollte mit zwei Zielen verbunden werden: die NATO zu stärken und die Interessendurchsetzung einer geopolitischen EU mit militärischen Mitteln abzusichern. Eine stärkere Verteidigungspolitik würde auch die Glaubwürdigkeit und den Einfluss der EU-Außenpolitik erhöhen.

Dabei geht es nicht um wirkliche Autonomie, auch wenn EU-Dokumente wie die Globale Strategie dies postulieren. Denn das schaffen die Europäer auf lange Zeit nicht – selbst, wenn sie es wollten. Ziel sollte allerdings ein größeres Maß an Eigenständigkeit und Einsatzbereitschaft sein – nicht gegen die Zusammenarbeit in der NATO, sondern um ein besserer, verlässlicherer Partner zu sein. Dafür müssen die europäischen Regierungen, trotz des Drucks auf die nationalen Haushalte durch die Wirtschaftskrise, die nationalen Fähigkeiten so weiterentwickeln, dass die EU insgesamt ihre Einsatzfähigkeit steigert. Auch an einem größeren finanziellen Engagement der EU muss gearbeitet werden. Umso mehr, weil gute Ansätze immer wieder ins Stocken geraten: Unter dem Druck der Corona-Krise kürzte der Europäischen Rat im Juni 2020 die verteidigungsbezogenen Budgets im Rahmen des mehrjährigen Finanzrahmens für den Zeitraum von 2021 bis 2027 gegenüber dem Entwurf der Europäischen Kommission. Darüber hinaus könnten, ähnlich wie nach 2008, in den EU- und NATO-Staaten unkoordinierte nationale Budgetkürzungen die gemeinsame Sicherheitspolitik schwächen. Angesichts der Auswirkungen der aktuellen Krise auf die Verteidigungsfähigkeit sollten die EU- und NATO-Partner die Rüstungsindustrie und ihre technologische Wettbewerbsfähigkeit gemeinsam in den Blick nehmen.

Auch wenn der EU-Rahmen gestärkt wurde, gilt weiterhin: Am Ende des Tages bleibt der Erfolg der europäischen sicherheits- und verteidigungspolitischen Zusammenarbeit allein in den Händen der Mitgliedsstaaten. Dass diese die Vision einer wirklichen europäischen Verteidigung im Rahmen der NATO nicht breit teilen, zeigt sich symbolhaft daran, dass es im Rat keine Einigung darüber gibt, den Begriff »Europäische Verteidigungsunion« zu verwenden, anders als in der Europäische Kommission und dem Europäischen Parlament.

Klar ist, dass die divergierenden Sicherheitsinteressen der Mitgliedsstaaten nur dann überbrückt werden können, wenn die verteidigungspolitische Zusammenarbeit in der EU die NATO stärkt und nicht schwächt. Zudem sollte die EU das Vereinigte Königreich sowie Nicht-EU-NATO-Länder wie Norwegen in die Entwicklung der europäischen Sicherheits- und Verteidigungspolitik stärker einbinden. Seit 2020 erlaubt die PESCO-Initiative eine Drittstaatenlösung.

Diese bietet die Grundlage dafür, auch wichtige externe Partner, etwa aus der NATO, in die EU-interne Zusammenarbeit einzubinden. Gemeinsam könnten die Europäer, ob EU-Mitglied oder nicht, ihre kombinierte europäische Anstrengung in den NATO-Verteidigungsplanungsprozess unter dem Dach der Allianz einbringen. Besondere Verbindlichkeit würde entstehen, wenn die europäischen Bündnispartner sich, zusätzlich zum 2-Prozent-Ausgabenziel, darauf verpflichten würden, einen höheren Anteil an den militärischen Fähigkeiten der NATO zu erbringen. Denn derzeit finanzieren die USA knapp 70 Prozent der Verteidigungsausgaben in der NATO.

Europa stünde gemeinsam gut da, wenn die EU-Regierungen und Großbritannien einen Paradigmenwechsel vollziehen und wirklich als Europäer denken, handeln und zusammenarbeiten. Die Schaffung von Strukturen, die gemeinsamen Strategiedokumente – all das waren in den vergangenen Jahren wichtige Fortschritte. Doch die Frage bleibt: Werden die Europäer wirklich das Notwendige tun, um die EU zu einer globalen Macht zu machen? Eine, die handlungsfähiger ist, die gemeinsam mit den USA und anderen Demokratien eine regelbasierte Weltordnung fördert, die Frieden und Sicherheit über ihre Grenzen hinaus projiziert und die ihre Bürger im Inneren effektiv schützt? Die Antwort auf diese Frage wird die Zukunft Europas bestimmen.

Die zentrale strategische, geopolitische Herausforderung für die EU ist und bleibt die Chinapolitik – und besonders die Zusammenarbeit mit Washington in dieser Sache. Dabei geht es nicht nur um das bilaterale Verhältnis, sondern um die Zukunft des auf Regeln basierenden internationalen Systems, das über 75 Jahre Frieden, Wohlstand und Freiheit für Europa begünstigt hat, jetzt aber unter großen Druck geraten ist.

Von China gehen derzeit – ganz besonders auch durch seine demokratiezerstörerische Einmischung in innere Entwicklungen – vielfältige Gefahren aus. Damit ist deshalb so schwer umzugehen, weil China nicht nur einer der wichtigsten Wirtschaftspartner der EU ist. Aufgrund seines enormen Gewichts ist eine Zusammenarbeit bei globalen Wirtschafts- und Finanzthemen unerlässlich. Noch dringender ist die gemeinsame Bekämpfung des Klimawandels und seiner Folgen. Im Sicherheitsbereich muss China aufgrund seiner wachsenden militärischen Stärke in die internationale Rüstungskontroll- und Nichtverbreitungspolitik eingebunden werden. Globale Gesundheits- und Entwicklungspolitik sind weitere Bereiche, in denen Zusammenarbeit zwischen China, den USA und Europa unerlässlich ist, wenn wirklich ein Unterschied gemacht werden soll. Die EU muss eine Balance zwischen Kooperation in globalen und transnationalen Themen und Abwehr der Risiken finden, die von China ausgehen. Im Umgang mit dem scharfen systemischen Rivalen für Europa und den gesamten Westen braucht die EU die USA, aber auch andere Partner.

Wiederentdeckung des Indo-Pazifiks

Viele mögliche Partner für die EU befinden sich in der Indo-Pazifik-Region, die die Europäer wiederentdeckt haben. Der Begriff ist dies- und jenseits des Atlantiks *en vogue*, doch die geografische Ausdehnung ist nicht klar definiert – verstehen wir sie hier als vom Indischen Ozean und vom Pazifik geprägten Raum. Vor allem im Südchinesischen Meer wirkt sich die Großmachtkonkurrenz zwischen China und den USA in besonders gefährlicher Weise aus. Der intensive geopolitische Wettbewerb ist spürbar. Spannungen gibt es im technologischen Bereich, wie die Debatte über 5G zeigt. Auf politischer Ebene wurde der Konflikt etwa beim Schlagabtausch zwischen dem amerikanischen Außenminister Antony Blinken und seinem chinesischen Kollegen Wang Yi bei ihrer ersten Begegnung deutlich. Und im sicherheitspolitischen Bereich wächst die Angst vor einer ungewollten oder gewollten militärischen Eskalation im Südchinesischen Meer.

Chinas zunehmender Einfluss im Indo-Pazifik muss Europa beunruhigen, ist die Region doch aufgrund ihrer wachsenden Bevölkerung, ihrer Ressourcen und der wichtigsten maritimen Transitrouten strategisch wichtig. Hier leben 60 Prozent der Weltbevölkerung, die 60 Prozent des globalen Bruttoinlandsprodukts erwirtschaften und zu zwei Dritteln des derzeitigen globalen Wachstums beitragen. Mit China, Japan und den USA sind die drei größten Volkswirtschaften der Welt Pazifik-Anrainer. Indien könnte schon bald zur weltweiten Nummer vier aufrücken und damit Deutschland auf diesem Platz ablösen. In weniger als zehn Jahren wird 2030 nach Erwartungen des Auswärtigen Amts eine überwältigende Mehrheit von 90 Prozent der 2,4 Milliarden Menschen der Mittelschicht im indo-pazifischen Raum leben. Hier gibt es nicht nur die am schnellsten wachsenden Volkswirtschaften der Welt. Mehr als die Hälfte des gesamten Welthandels, im Jahr 2020 Waren im Wert von 5,3 Billionen US-Dollar, werden jedes Jahr durch die strategisch wichtigen Wasserstraßen der Region transportiert. Aufgrund dieser Entwicklungsdynamiken und der wachsenden Wirtschaftskraft und Bevölkerung im indo-pazifischen Raum ist es zum Beispiel für die Erreichung der nachhaltigen Entwicklungsziele der Vereinten Nationen entscheidend, dass diese Staaten daran mitwirken. Die USA und die Europäer können dies unterstützen.

Die indo-pazifische Region ist bereits jetzt das wirtschaftliche und strategische Gravitationszentrum der Welt. Hier prallen strategische Projektionen aufeinander, besonders die der USA und Chinas. Hier verflechten sich globale Wertschöpfungsketten, denn viele europäische Unternehmen sind in der Region präsent beziehungsweise haben sehr enge Partnerschaften und Investitionsbeziehungen. Hier wird der Systemkonflikt zwischen dem Westen und autoritären Staaten wie China Tag für Tag ausgetragen, wie sich zum Beispiel am Ringen um technologische Vorherrschaft und am Streit über die Universalität der Menschenrechte – nicht nur mit China – zeigt. Die Bundesregierung sieht die Region in ihren *Leitlinien zum Indo-Pazifik* als »Schlüssel für die Ausgestaltung der internationalen Ordnung im 21. Jahrhundert«. Kein Wunder also, dass sich Europäer wie Amerikaner eine freie, offene und regelbasierte Ordnung im indo-pazifischen Raum wünschen.

Ihr Problem ist allerdings, dass Europa auf der strategischen Landkarte der meisten asiatischen Staaten gar nicht vorkommt. China hingegen baut seinen Einfluss zunehmend aggressiv aus. Es arbeitet genau gegen die Ordnung, die der Westen sich wünscht, und droht die Region zu destabilisieren, den Handel zu stören und die freie Durchfahrt von Schiffen und Dienstleistungen auf einer der am stärksten befahrenen Routen der Welt einzuschränken.

Europa muss sich daher stärker in der Region engagieren, um seine Interessen zu wahren. Um Chinas Einfluss auszugleichen – oder aus amerikanischer Sicht: ihm gegenzusteuern – und um den indo-pazifischen Raum frei und offen zu halten, sollten Europäer und Amerikaner mit den Partnern in der Region deutlich enger zusammenarbeiten – politisch, wirtschaftlich, militärisch und im zivilgesellschaftlichen Bereich.

Von den Europäern sind Großbritannien und Frankreich traditionell am präsentesten in der Region, wenn auch nicht immer koordiniert. Paris und London, die beide enge, historisch gewachsene Beziehungen im indo-pazifischen Raum haben, unterscheiden sich dennoch deutlich in ihren Perspektiven. Frankreich besitzt dort zahlreiche Überseeterritorien, hat aktive Militärbasen und ist Teil einer großen Wirtschaftszone – kein Wunder also, dass es eine Konstante der französischen Sicherheitspolitik ist, seine souveränen Interessen in der Region zu verteidigen. Es ist aktiv engagiert in regionalen Kooperationen wie ASEAN, der Indian Ocean Rim Association, dem Pacific Islands Forum oder im Regionalforum gegen Piraterie. London hingegen reduzierte seine Präsenz im Zuge des Zerfalls des British Empire sehr stark und überließ die Sicherheit des Indo-Pazifiks seinen amerikanischen und Commonwealth-Verbündeten. Seit einigen Jahren strebt Großbritannien allerdings, als Antwort auf Chinas wachsenden Einfluss und auf die zunehmend unberechenbare Situation im transatlantischen Verhältnis unter Donald Trump, wieder eine aktivere Rolle an, stellte eine eigene Expeditionsstreitmacht auf und führt immer wieder regionale Einsätze durch, wie etwa die Entsendung der Trägerkampftruppe »HMS Queen Elizabeth« zu ihrem Ersteinsatz ins Südchinesische Meer. Dort zeigte das britische Militär durch die Verlegung des Flugzeugträgers, von sieben Kriegsschiffen, einem U-Boot und 14 Hubschraubern nicht nur symbolisch Präsenz. Es demonstrierte auch, dass es seine Partnerschaften mit Staaten in der Region entwickeln will, unter anderem durch eine gemeinsame Übung. London fährt indes nicht nur militärische Mittel auf. Nachdem Peking Hongkong entgegen der 1984 mit Großbritannien geschlossenen »chinesisch-britischen gemeinsamen Erklärung« unter seine Kontrolle brachte und damit gegen die im Übergabevertrag garantierte Selbstbestimmung verstieß, bot London den Bewohnern Hongkongs im Frühjahr 2021 die britische Staatsbürgerschaft an.

Wenn Europa seinen Einfluss im Indo-Pazifik ausbaut, sollte es auf bestehende Partnerschaften setzen. Als ersten Schritt sollten Frankreich und Großbritannien – ungeachtet des Brexit – ihren eigenen strategischen Dialog intensivieren und sich auf den Austausch mit Partnern in der Region konzentrieren. Ihre Einsätze im Indo-Pazifik sollten sie, auch wenn sie zum Teil bereits gemeinsam durchgeführt werden, noch besser koordinieren, um ihre jeweilige Marine nicht zu überlasten. Großbritannien und Australien integrieren bereits verbündete Schiffe in ihre Trägerkampfgruppen-Kommandostrukturen. Frankreich und Großbritannien könnten auch anderen Europäer in die Region holen, etwa die Niederlande oder Deutschland, die nicht über die nötige Infrastruktur, das Budget oder das Personal für weitreichende Einsätze verfügen, ähnlich wie Anfang 2020, als Frankreich eine EU-Koalition zur Überwachung der Straße von Hormuz mobilisierte.

Europa könnte auch einen interregionalen Dialog vorschlagen, der die in einigen Fällen starken bilateralen Beziehungen in einem gemeinsamen Forum zusammenführt. Frankreich hat enge Beziehungen zu Indien und könnte eine engere Zusammenarbeit zwischen London und Delhi im Bereich der maritimen Sicherheit, des Weltraums und eines größeren strategischen Dialogs erleichtern. Derweil kann London dabei helfen, auch zwischen Paris und Canberra engere Beziehungen zu fördern, was die Tür für einen weiteren Austausch von Geheimdienstinformationen und die eventuelle Aufnahme Frankreichs in die Geheimdienstallianz Five Eyes öffnen könnte. Hier arbeiten die USA, Kanada, Großbritannien, Australien und Neuseeland zusammen und tauschen sehr wertvolle Informationen aus. Ein weiteres europäisches Land dabeizuhaben wäre aus Sicht unseres Kontinents, gerade auch wegen des Brexit, sehr wünschenswert.

Die EU startet nicht bei null, wenn sie im Laufe des Jahres 2021 ihre Indo-Pazifik-Strategie entwickelt. Mehrere Mitgliedsstaaten haben sich jüngst in eigenen Strategiedokumenten mit der Region befasst, Deutschland hat im September 2020 seine Leitlinien zum Indo-Pazifik herausgegeben. Frankreichs Indo-Pazifik-Strategie konzentriert sich auf Sicherheitspolitik, auch die neue außenpolitische Strategie der Briten vom März 2021 zeigt, dass London weiterhin engagiert bleiben wird und damit ein wichtiger Partner für die EU ist. Die Europäische Union hat in der Region immer wieder bedeutende Beiträge zur Entwicklungszusammenarbeit und humanitären Hilfe, zur Bekämpfung des Klimawandels, des Verlusts der biologischen Vielfalt und der Umweltverschmutzung sowie zur Wahrung des Völkerrechts, einschließlich der Menschenrechte und der Freiheit der Schifffahrt, geleistet.

Es ist aber angesichts der Bedeutung der Region und des Einflusswettbewerbs mit China sehr wichtig, dass die Europäer ihren strategischen Fokus, ihre Präsenz und ihre Aktivitäten in Zusammenarbeit mit dortigen Partnern weiterentwickeln. Daher sollten die EU-Staaten weitere Koalitionen mit regionalen Partnern und den USA schmieden, das europäische Engagement prinzipiengeleitet ausbauen und sich darauf einstellen, es langfristig aufrechtzuerhalten. Kooperationen sollten auf Prinzipien wie Demokratie, Rechtsstaatlichkeit, Menschenrechten und Völkerrecht basieren, um explizit dem wachsenden Einfluss Chinas entgegenzutreten, gleichzeitig aber auf Augenhöhe stattfinden. Das oberste Ziel dabei: Stabilität, Sicherheit, Wohlstand und nachhaltige Entwicklung in der Region zu unterstützen – (auch) im europäischen Eigeninteresse.

Technologische Aufholjagd

Technologische und digitale Innovationen und die Fähigkeit, sie zur Marktreife zu bringen, bestimmen im 21. Jahrhundert maßgeblich den geopolitischen, geoökonomischen und militärischen Wettbewerb und den Wettstreit der Systeme. Noch dominieren US-Hyperscaler die globale Tech- und Digitalindustrie, obwohl chinesische Unternehmen rasant aufholen. Apple, Microsoft, Google, Amazon und der Rest der 30 größten amerikanischen Digitalfirmen sind zusammen etwa so viel wert wie das jährliche Bruttoinlandsprodukt der fünf größten europäischen Volkswirtschaften. Aber auch chinesische Tech-Unternehmen liegen deutlich vor europäischen, nicht nur große Plattformen wie Alibaba. Die Ressourcen, die den amerikanischen und den chinesischen Marktführern für weitere Innovationen, aber auch für die Interessenvertretung bei der Regulierung der digitalen Welt zur Verfügung stehen, sind enorm. Aus europäischer Sicht besteht die Gefahr, dass eine bipolare Tech-Welt entsteht, in der Europa den USA und China hinterherhinkt und die EU gezwungen wird, sich auf die eine oder die andere Seite zu schlagen. Der EU steht ein langer Aufholprozess bevor, in dem es nicht nur darum gehen kann, nicht den Anschluss zu verlieren, sondern so aufzuholen, dass sie mitgestalten und sich in einigen Bereichen sogar an die Spitze setzen kann.

Die strategische Bedeutung digitaler Souveränität wurde von der europäischen Politik erst deutlich später als in den USA und China erkannt und durch die Pandemie verstärkt. Die Entwicklung einer wettbewerbsfähigen europäischen Tech- und Digitalindustrie wurde über Jahre versäumt, sodass heute Kernbereiche der europäischen Wirtschaft, aber auch Teile unserer öffentlichen Infrastruktur von ausländischen Technologien und Unternehmen abhängig sind. Vier Risiken ergeben sich daraus: Die Abhängigkeit kann die Wertschöpfung europäischer Konzerne gefährden, Europa wird noch verwundbarer im Bereich der Cyber- und Informationssicherheit, es macht sich politisch erpressbar und es kann von seinen Lieferanten, die im Falle Chinas unter direkter staatlicher Kontrolle stehen, sabotiert werden. Künstliche Intelligenz, die nicht nach europäischen Standards entwickelt wird, kann Gesellschaft, Wirtschaft und Politik in der EU gefährden. Computer- und Telekommunikationstechnologien werden in China hergestellt – einem Land, das europäische Werte und Grundrechte nicht respektiert. Auch in den USA wird mit Geschäftsmodellen und Standards zur Datennutzung gearbeitet, die mit europäischen Grundsätzen unvereinbar erscheinen. Das sieht erst mal nicht gut aus.

In einem internen Dokument warnte die Europäische Kommission, dass Europa seine Grundwerte und seinen strategischen Einfluss aufs Spiel setzt, weil es sich zu sehr auf Computerhardware und -software aus anderen Ländern verlässt. Ohne einen Richtungswechsel werden die »Grundlagen der europäischen Gesellschaft und ihre Werte zunehmend unter Druck geraten, da sich auf Drittländer zu verlassen bedeutet, sich auf ihre Werte zu verlassen«, zitierte *Bloomberg News* daraus im März 2020. Entsprechend schnell legte die Von-der-Leyen-Kommission Entwürfe für Rechtsakte vor, die den Einsatz von KI-Systemen von bestimmten Voraussetzungen abhängig machen und in bestimmten Szenarien untersagen. Die Entwürfe gehen nun zur Beratung der Mitgliedsstaaten in den Rat und in das Europäische Parlament.

Realistische Entwicklungsziele

»Wenn wir nicht in allen Bereichen unsere eigenen Champions aufbauen, etwa im Bereich Künstlicher Intelligenz, werden uns unsere Entscheidungen von anderen diktiert«, sagte Anfang 2021 Frankreichs Präsident Emmanuel Macron. Das Ziel, das Macron der EU setzt, klingt nachvollziehbar, ist aber auf absehbare Zeit unerreichbar. Für die EU geht es im Tech-Bereich zumindest in den nächsten Jahren nicht darum, strategische Autonomie zu erlangen. Ein realistisches Zwischenziel ist es, verlässliche strategische Allianzen, etwa mit den USA, Taiwan, Südkorea oder Japan, einzugehen und durch Adoption und Nutzung von bestehenden Technologien zu den USA und China aufzuschließen.

Natürlich sollte Europa mittelfristig Eigenständigkeit erreichen und in einigen Bereichen zum führenden Innovator werden. Aber die nötigen Forschungs- und Entwicklungszyklen sind langjährig, und viele Initiativen werden scheitern. Woran die EU darüber hinaus arbeiten sollte, ist eine digitale Souveränität und Handlungsfähigkeit, die zumindest das Entwickeln von und Zurückgreifen auf eigene Alternativen ermöglicht.

Das unmittelbare Streben nach vollständiger technologischer Souveränität würde Europas digitale Transformation erheblich verlangsamen und verteuern. Das gilt sogar bei der 5G-Technologie, obwohl die europäischen Unternehmen Nokia und Ericsson bedeutende Anteile an den wesentlichen Patenten halten. Mobilfunkbetreiber schätzten Anfang 2021, dass der Ausschluss von Huawei von der 5G-Einführung zusätzliche 50 Milliarden kosten und zu erheblichen Verzögerungen führen würde. Trotzdem ist es richtig, die 5G-Infrastruktur ohne kritische Komponenten aus China auszubauen.

Die EU sollte gut auswählen, auf welche Technologie sie mit welchem Ambitionsniveau setzt. Fünf Bereiche werden die Zukunft der Tech-Industrie bestimmen: Künstliche Intelligenz, Cloud Computing, Halbleiter, 5G und Quantentechnologie. In keinem dieser Bereiche hat die EU heute besondere Stärken aufzuweisen. Abhängigkeiten von China bestehen insbesondere bei 5G und Mobilfunktechnologie, von den USA hingegen in den wichtigsten Schlüsseltechnologien wie Künstliche Intelligenz, Cloud Computing, Blockchain und Hochleistungsrechner. Wie es im Einzelnen aussieht, hat die viel zitierte Studie *Europe's Capacity to Act in the Global Tech Race* der Deutschen Gesellschaft für Auswärtige Politik offengelegt.

Sie zeigt, dass bei 5G und Mobilfunknetzen Europa im Vergleich zu anderen Bereichen ganz gut aufgestellt ist. Die beiden führenden europäischen Unternehmen, Ericsson und Nokia, können glaubhaft mit asiatischen Konkurrenten mithalten. Gemeinsam halten sie 25 Prozent der standardessenziellen Patente. Große US-Akteure gibt es nicht, wenngleich eine Kooperation mit amerikanischen Unternehmen wie dem Halbleiter-Hersteller Qualcomm sinnvoll ist. Einerseits, um die Einführung von 5G voranzutreiben, andererseits, um transatlantisch Standards und Technologien für die 6G-Ära zu entwickeln, für die die Forschung und Entwicklung bereits begonnen hat. Die EU sollte weit vorausdenken und über ihre Innovationsprogramme intensive Forschung im Bereich 6G unterstützen, um ihre starke Position zu halten, wenn die nächste Entwicklung in der mobilen Konnektivität ansteht.

Im Bereich der Künstlichen Intelligenz bemüht sich die EU verstärkt um die Entwicklung wettbewerbsfähiger und vertrauenswürdiger Technologien. Europäische KI-Unternehmen stehen allerdings in Europa vor dem besonderen Problem, dass sie aufgrund europäischer Datenschutzrichtlinien keinen ausreichenden Zugang zu Datenmassen bekommen, um die Entwicklung Künstlicher Intelligenz voranzutreiben. Daher birgt die transatlantische Kooperation ein großes Potenzial. Aufgesetzt werden kann auf die Globale Partnerschaft für Künstliche Intelligenz und die Kooperation im Rahmen der G20 und der G7. Im Jahr 2022 will Deutschland unter seiner G7-Präsidentschaft Digitales zu einem Schwerpunkt machen. Neben der gemeinsamen Entwicklung empfiehlt sich eine regulatorische Zusammenarbeit: Ein transatlantischer Markt mit nach gemeinsamen Standards zertifizierten und geprüften KI-Produkten würde nicht nur Verbraucher in der EU und den USA schützen und Unternehmen bessere Rahmenbedingungen für die Entwicklung neuer Produkte bieten. Er würde auch die Chancen verbessern, dass weitere Staaten sich anschließen, etwa Großbritannien und Kanada. Auch sollte die Europäische Union gemeinsam mit den Mitgliedsstaaten große öffentlichen Datenpools für die KI-Forschung zur Verfügung stellen.

Im Bereich des Cloud Computing ist Europas Abstand zu den USA noch beunruhigender als im Bereich der Künstlichen Intelligenz. Mit ehrgeizigen Projekten wie der European Alliance for Industrial Data and Cloud und GAIA-X will die EU ihren Cloud- und Service-Markt entwickeln. Damit dies gelingt, muss sie die Kosten für europäisches Cloud Computing senken und gleichzeitig dessen Zuverlässigkeit erhöhen. Deutschland und andere Mitgliedsstaaten sollten GAIA-X als Anker- und Vorbildkunden stärken, mit dem Ziel, dass das GAIA-X-Ökosystem schon bald glaubhafte Alternativen zu den Angeboten von Amazon, Microsoft und Co. bereitstellen kann.

Auch die Schaffung unabhängiger Halbleiterkapazitäten wird keine leichte Aufgabe für die EU sein, da europäische Unternehmen hier nicht wettbewerbsfähig sind. Daher sollte die EU etablierte Stärken ausbauen, wie z. B. Chips für die Automobilindustrie, KI und Internet-of-Things-Geräte. Anstatt zu versuchen, direkt mit den USA und dem anderen Weltmarktführer, Taiwan, zu konkurrieren, sollte die EU Fertigungskapazitäten anbieten sowie offene Standards im Chipdesign fördern.

Die Quantencomputing-Technologie befindet sich noch in einem frühen Stadium der Entwicklung und ihre praktischen Anwendungen sind heute noch begrenzt. Aber bis 2030 wird sie wahrscheinlich eine wichtige Technologie in einer Reihe mit Bereichen wie Kommunikation, Industrie und KI sein. Deutschland und Frankreich treiben die Entwicklung in diesem Bereich bereits voran, aber Europa muss sich jetzt als Vorreiter positionieren, um nicht ins Hintertreffen zu geraten. Öffentlich-private Partnerschaften und eine Förderung von Forschung und Entwicklung werden nötig sein, um Quantencomputing in der EU voranzubringen.

Einen besseren Rahmen setzen

Europa hat heute keine weltweit führenden Tech- und Digitalunternehmen, wenngleich es zweifellos über andere wichtige Assets verfügt: seinen tiefen Markt, globale regulatorische Macht, Standardsetzungskapazitäten und den Zugang zu und die Kontrolle über Daten. Diese Assets kann die EU allerdings nur über erfolgreiche eigene Produktion und Wertschöpfung ausspielen, weil sie damit Standards schafft und verbreiten kann. Offensichtlich hemmt das Umfeld dennoch die Entstehung von kompetitiven Unternehmen. Wichtige Schritte auf dem Weg zu mehr Wettbewerbsfähigkeit sind die Schaffung eines digitalen Binnenmarkts, die Veränderung von Unternehmens- und Innovationskulturen sowie die Finanzierungsbedingungen, die dem Markt unterliegen. Die EU braucht eine Risikokultur, in der Scheitern salonfähig ist, und Entrepreneure, die die Chance haben, nach einem Scheitern wieder auf die Beine zu kommen. Die Mitgliedsstaaten sollten dies über agile Förderungen, wie zum Beispiel die Agentur für Sprunginnovation, unterstützen.

Zudem fehlt Europa Risikokapital, um erfolgreichen Start-ups den notwendigen Schub zu geben, dass sie sich zu internationalen Spielern entwickeln können. In den USA wird dreimal so viel Risikokapital in die Entwicklung neuer Unternehmen und Technologien investiert. Weltbank- und Eurostat-Daten zeigen: In den USA standen 2020 141,2 Milliarden US-Dollar zur Verfügung, in der EU und Großbritannien waren es zusammen nur 41,8 Milliarden US-Dollar. Viele kleine Unternehmen haben die EU nach der Gründungsphase verlassen, weil an der amerikanischen Westküste so viel bessere Finanzierungsmöglichkeiten bestehen. Dies verschafft US-Unternehmen auch heute einen Vorsprung bei der nächsten Generation von Technologieprodukten und -dienstleistungen. Die zentrale Aufgabe der EU-Mitgliedsstaaten wird es sein, die Start-ups vor Ort, in Europa, durch das »Tal des Todes« zu begleiten und somit Wertschöpfung in Europa zu ermöglichen. Die EU-Staaten müssen unter anderem die Rahmenbedingungen dafür schaffen, dass in Europa mehr Risikokapital zur Verfügung steht.

Deutlich interessanter müssen auch die Arbeitsbedingungen für Entwickler und Entwicklerinnen in Europa werden. Das Silicon Valley bietet ein einzigartiges Biotop für die Tech-Community: Für die Unternehmensentwicklung relevante Infrastruktur und ein Talent-Pool paaren sich mit einem Lebensstil, in dem Entrepreneurship, Offenheit und Risikobereitschaft Hand in Hand gehen. Die Bezahlung ist in den USA weit flexibler und kompetitiver als in der EU, auch an Forschungseinrichtungen und Universitäten. Die EU muss ihr Angebot an Arbeitskräfte verändern, was eine Aufgabe für Unternehmen, Universitäten und Politik zugleich ist. Sie muss hoch qualifiziertes Personal anwerben und ausbilden und, wo nötig, auf Immigration und Ausbildung setzen. Der europäische Arbeitsmarkt muss durch flexible Modelle anhaltend kreativ und attraktiv werden. Zudem braucht Europa mehr öffentlich-private Partnerschaften und der Zugang zu sich entwickelnden Märkten muss politisch flankiert und gefördert werden.

Transatlantische Konflikte, transatlantische Zusammenarbeit

Offensichtlich braucht die EU die USA als Partner, um im Technologie-Wettlauf mitzukommen. Ein gemeinsames Vorgehen gegen die wachsende Herausforderung durch die Digital-Macht China hat auch aus US-Sicht höchste Priorität. Doch in einigen zentralen Fragen der Technologie- und Digitalpolitik haben die USA und die EU unterschiedliche Positionen. Kurz gesagt scheint aus europäischer Sicht Washington als bei Weitem zu freundlich gegenüber der Tech-Industrie zu sein, aus Washingtoner Sicht wirkt so manche EU-Maßnahme antiamerikanisch.

Trotz dieser Unterschiede sollten wir eines nicht vergessen: Unsere gemeinsamen Werte der Menschenwürde, der individuellen Rechte und der demokratischen Prinzipien machen uns zu natürlichen Partnern. Das gilt auch, wenn es darum geht, den schnellen technologischen Wandel zu nutzen und die Herausforderungen rivalisierender Systeme der digitalen Governance zu bewältigen. Es besteht eine noch nie da gewesene Gelegenheit, eine gemeinsame EU-US-Tech-Agenda aufzustellen. Noch vor Bidens Amtsantritt skizzierten die Europäische Kommission und der Auswärtige Dienst der EU im Dezember 2020, was sie mit der neuen US-Regierung aufbauen wollen: mehr Zusammenarbeit bei Cybersicherheit und digitalem Handel, ein Vorstoß für demokratische Werte in der Online-Welt und einheitliche EU-US-Positionen zu brisanten Themen wie der Rolle von Big Tech in der Gesellschaft und Digitalsteuern.

Der offensichtlichste Streitpunkt auf dieser Agenda ist der Umgang mit großen Technologieunternehmen, von denen man annimmt, dass sie zu viel Macht zum Nachteil guter wirtschaftlicher Ergebnisse erworben haben. Insbesondere ist angesichts ihres globalen Charakters nicht klar, wie die Dienstleistungen, die diese Unternehmen erbringen, besteuert werden sollen. Die Europäische Kommission hat im Dezember einen Gesetzesentwurf, den Digital Markets Act, veröffentlicht, in dem sie vorschlägt, den Machtaufbau dieser großen digitalen Firmen zu überwachen und letztlich zu verhindern. Der Vorschlag ist extraterritorial: Er gilt für alle in der EU tätigen Firmen, unabhängig davon, ob sie physische Präsenz in der EU haben oder nicht. Dies war ein notwendiges Merkmal, da das Gesetz sonst die großen Firmen, von denen keine in der EU ansässig ist, nicht erfassen würde. Auch in Sachen Datenschutz besteht deutlicher Widerspruch zwischen den USA und der EU, die EU schützt persönliche Daten viel stärker.

Diese Beispiele zeigen, dass die strategische Zusammenarbeit zwischen den USA und Europa ebenso nötig wie konflikthaft ist. Die Einrichtung eines EU-US Trade and Technology Council (TTC), den die Europäische Kommission der Biden-Regierung angetragen hat, ist höchst sinnvoll. Er ermöglicht eine marktorientierte transatlantische Zusammenarbeit und kann den bilateralen Handel und Investitionen stärken, um gemeinsam eine technologische und industrielle Führungsposition zu entwickeln. Instrumente dafür könnten eine engere Zusammenarbeit in Forschung und Innovation sein, der Abbau von Handelshemmnissen, ein Rahmen für einen freien und vertrauensvollen Datenverkehr, die Entwicklung gemeinsamer Standards für neue Technologien, Prinzipien für die Verantwortung von Online-Plattformen und die Gewährleistung der Sicherheit kritischer Lieferketten. Eine engere Zusammenarbeit im Investitionsschutz, beim Schutz geistiger Eigentumsrechte und in der Abwehr erzwungener Technologietransfers wären ebenso nützlich. Der TTC kann allerdings nur erfolgreich sein, wenn die EU-Mitgliedsstaaten in den Gesprächen mit den USA geeint auftreten. Insbesondere Deutschland und Frankreich, die verschiedene nationale Strategien entwickelt haben, sollten eng abgestimmt in die Gespräche gehen.

Internationale Kooperation und Regulierung

Die EU sollte es sich langfristig zum Ziel setzen, in allen fünf technologischen Bereichen die regulatorischen Standards zu setzen. Der Zugang zum EU-Binnenmarkt wird aber dauerhaft als wirksamer Hebel funktionieren. Europa muss selbst wieder zum Innovationsraum werden, sonst verspielt es globalen Einfluss. Standardisierung spielt eine Schlüsselrolle im Technologiebereich. Sie definiert die Wettbewerbsbedingungen und Expansionsmöglichkeiten in allen Bereichen. Ein Beispiel: Ohne offene Standards hätten wir heute kein offenes Internet. Um Standards zu setzen, braucht die EU eigene Technologie und wettbewerbsfähige Digitalunternehmen.

Aus geopolitischer Sicht ist es für die EU und ihre Mitgliedsstaaten prioritär, wenn sie Systeme weiterentwickeln, die global interoperabel sind und an internationale Innovationsprozesse anknüpfungsfähig sind, sei es im Bereich der Clouds oder bei Navigationssystemen. Die Bedeutung solcher Zusammenarbeit wird heute in Europa immer noch unterschätzt. Daher sollte die Politik gezielt internationale Zusammenschlüsse Gleichgesinnter aufbauen, sodass im Bereich der Standardsetzung und der Governance von Technologien europäische Ansätze und Maßstäbe möglichst auch international prägend sind.

Das gilt umso mehr, als der zunehmende Durchgriff der chinesischen Regierung auf das Internet und andere Technologien die digitale Welt spaltet, entlang der Trennlinie zwischen Demokratien und autoritären Regimen. Die künftige transatlantische Zusammenarbeit sollte vor diesem Hintergrund versuchen, eine weitere Fragmentierung des Internets zu vermeiden, das weltweit eine wichtige Voraussetzung für die gesellschaftliche und wirtschaftliche Entwicklung ist.

Dabei muss die EU achtgeben, dass sie unter dem doppelten Druck der rasanten technologischen Entwicklung weltweit und der relativen Schwäche Europas in der Folge der Covid-Krise nicht zu staatlichem Protektionismus und einer Industriepolitik übergeht, die die Innovationskraft des Marktes mittelfristig behindert. Wichtig ist, die Konsequenzen für unterschiedliche Regionen in den Blick zu nehmen: Die größeren, stärker diversifizierten Volkswirtschaften, etwa die Frankreichs und Deutschlands, würden proportional weniger leiden als kleinere Staaten in Europas Norden, Osten und Süden.

Regulierung und Standardsetzung allein hält die EU im weltweiten Technologiewettbewerb nicht über Wasser. Die EU insgesamt und jeder Mitgliedsstaat sollte sich modernen Technologien öffnen, neue Unternehmensmodelle annehmen und die Rahmenbedingungen so gestalten, dass Investitionen von solchen Partnern ins Land kommen, die nicht das Ziel haben, die EU zu schwächen. Protektionistische Maßnahmen dürften den EU-Staaten den technologischen Aufholprozess genauso erschweren wie die Verbesserung der Wettbewerbsfähigkeit, die wirtschaftliche Erneuerung und die wirtschaftliche Konvergenz innerhalb der EU. Wichtig ist für die EU, dass die Digitalisierung nicht nur in wenigen Ballungsräumen als Chance genutzt werden kann, sonst wachsen die Unterschiede und Unzufriedenheiten innerhalb der Gemeinschaft weiter. Der Begriff für diese Herangehensweise ist *offene strategische Autonomie*, die auf Alternativen und Handlungsfähigkeit abzielt und nicht protektionistisch ist.

Im Technologiebereich wird sich maßgeblich entscheiden, in welchem Verhältnis die EU, China und die USA künftig stehen. Denn hier wird nicht nur die Grundlage für Wachstum und Wohlstand der Zukunft gelegt und damit entschieden, wie stark die Regionen sich jeweils entwickeln. Hier werden Standards gesetzt, die etwa für den Schutz der individuellen Freiheit und der Weiterentwicklung der politischen Systeme relevant sind. Im digitalen Bereich wird sich zeigen, ob die Welt in zwei, drei oder mehr Sphären zerfällt. Die EU hat hier nicht nur den Druck aufzuholen, um ihr von der Wirtschaftskraft abgesichertes Gewicht in Zukunft zu schützen. Sie steht mit den USA gemeinsam vor der Aufgabe, ein westliches Digitalmodell zu entwickeln, das unseren Vorstellungen von individuellem Schutz, demokratischer Entscheidung und gesellschaftlicher Freiheit entspricht. In all diesen Hinsichten liegt die politische Führung in Peking quer zu den Vorstellungen des politischen Westens.

Demokratien schützen

Über Jahrzehnte haben wir Demokratie als Selbstverständlichkeit angesehen, nicht nur in der Europäischen Union, sondern auch als Fundament des NATO-Bündnisses. Demokratie galt als Kraftquelle des Westens in Form von Soft Power, die Anziehungskraft auf Staaten ausübt, die selbst vor oder in demokratischer Transition standen. Vor einigen Jahren hat sich der Wind gedreht. Demokratien weltweit sind auf dem Rückzug – immer mehr Staaten werden zu autoritären Regimen. Auch einige europäische Demokratien sind in der Defensive, da Populisten sie Schritt für Schritt demontieren.

Ende der Selbstverständlichkeit

Der wohl größte Schock für die weltweite demokratische Gemeinschaft war die machthungrige Art und rohe Weise, mit der Donald Trump die US-Demokratie beschädigt hat. Davon bleibt viel zurück, auch wenn Joe Biden die tiefe Spaltung in der Gesellschaft und im politischen Entscheidungssystem mit höchster Priorität überwinden und die Demokratie stärken möchte. Doch die Polarisierung setzt sich fort, Verschwörungstheorien werden verbreitet und politische Normen weiterhin missachtet. Im Urteil zu einem Angeklagten, der am Sturm auf den Kongress beteiligt war, sagte die Richterin Amy Jackson im Mai 2021: »Der ständige Trommelwirbel, der die Angeklagten dazu inspirierte, zu den Waffen zu greifen, ist nicht verklungen. Sechs Monate später wird die Behauptung, die Wahl sei gestohlen worden, täglich in den großen Nachrichtensendungen und aus den Korridoren der Macht in der Staats- und Bundesregierung wiederholt, ganz zu schweigen von den fast täglichen Schmähungen des ehemaligen Präsidenten.« Bidens Aufruf zur Einheit konterkarieren die Republikaner im Kongress, wo sie nur können. Die Blockade geht so weit, dass der Kongress im Frühjahr 2021 nicht einmal eine Untersuchungskommission zum Sturm auf das Gebäude und die Aufrufe zur Gewalt, wie sie Trump und einige seiner Unterstützer betreiben, einsetzen kann.

In einer alarmierenden Umfrage, die im Mai 2021 veröffentlicht wurde, gaben fast 30 Prozent der Republikaner an, dass »amerikanische Patrioten vielleicht zu Gewalt greifen müssen« gegen ihre politischen Gegner, weil das Land unter Biden vom Weg abgekommen sei. Es ist heute unklar, ob Biden diese Stimmungen drehen, die mittlerweile tief verankerten Netzwerke der Anhänger des Trump-Autoritarismus bekämpfen und durch politische Entscheidungsfähigkeit Vertrauen in das politische System zurückgewinnen kann. Klar ist aber: Wenn überhaupt, dann ist genau jetzt die Zeit, um eine transatlantische Agenda zur Stärkung der Demokratie – im jeweiligen Inland und gegenüber der Welt – zu entwickeln. Das Ringen um den Erhalt der europäischen Demokratien könnte so eingebettet werden in eine breitere transatlantische Zusammenarbeit zur Verteidigung der liberalen Demokratie als Grundwert der EU und des transatlantischen Bündnisses. Die EU sollte mit den USA Druck auf die NATO-Mitglieder Polen, Ungarn oder auch die Türkei ausüben, demokratische und rechtsstaatliche Prinzipien einzuhalten. Druckmittel gibt es dafür: die EU kann Zahlungen an ihre Mitgliedsstaaten verweigern, wenn Rechtsstaatsprinzipien verletzt werden. Im Rahmen der NATO könnten die USA und ihre fest im liberaldemokratischen Lager verorteten Alliierten darauf dringen, dass Unterstützung aus dem NATO-Sicherheits- und Investitionsprogramm an Bedingungen geknüpft wird. Derartige Maßnahmen kämen zwar spät, denn insbesondere in der Türkei und Ungarn wird der Rechtsstaat schon seit vielen Jahren immer weiter beschädigt. Doch bietet sich mit der Biden-Administration jetzt eine außergewöhnliche

Möglichkeit, in der transatlantischen Allianz ein neues Bekenntnis zu diesen Prinzipien abzugeben.

Risiken aus der digitalen Welt

Eine besondere Herausforderung für die Demokratie ist die fortschreitende Digitalisierung. Weltweit setzen autoritäre Politiker Technologie für die Festigung ihrer Macht ein: Das Beispiel China zeigt, wie Machteliten über technologische Systeme die Gesellschaft unterdrücken und massiv Menschenrechte verletzen – und sowohl ihre Technologie als auch das zugehörige Überwachungs-Know-how weltweit exportieren und damit den Vormarsch von Autokraten unterstützen. In Demokratien kann Technologie eingesetzt werden, um Transparenz und Beteiligungsmöglichkeiten zu steigern, es gibt aber auch immer die Gefahr des Missbrauchs, etwa von personenbezogenen Daten. In den vergangenen Jahren ist ein weiterer Faktor immer stärker in den Vordergrund getreten: Die gezielte Verbreitung von Fehlinformationen, Desinformation und Deep Fakes untergräbt das öffentliche Vertrauen in politische Institutionen und innerhalb der Gesellschaft. Auch schwer zuzuordnende Cyberangriffe destabilisieren Demokratien und die Glaubwürdigkeit ihrer gewählten Politiker und Institutionen.

Die Europäische Union hat in den vergangenen Jahren schon einiges dafür getan, um ihre demokratische Resilienz zu stärken, mehr sollte folgen. Die seit 2015 existierende »East Stratcom Task Force«, ein Team im Europäischen Auswärtigen Dienst, das eingerichtet wurde, als Russland seine Interventionen auf der Krim mit einem neuen Ausmaß an Desinformationskampagnen gegenüber der europäischen Öffentlichkeit begleitete, sollte sich neben russischer Propaganda auch vermehrt mit chinesischer Einflussnahme befassen. Angesichts der innenpolitischen Dimension dieser ausländischen Einflussnahme ist zu prüfen, ob diese Aufgabe nicht vom Auswärtigen Dienst der EU in eine Generaldirektion, die sich mit inneren

Angelegenheiten befasst, wandern sollte. Denn im Bereich der Desinformation, aber auch anderer Formen der hybriden Kriegsführung, verschwimmen Innen- und Außenpolitik in sehr deutlicher Art und Weise. Interessant ist der schwedische Ansatz einer »Agentur für psychologische Abwehr«. Eine ähnliche Agentur könnte europaweit Desinformation und andere Formen der Einflussnahme identifizieren und dagegen vorgehen. Sie könnte auch Open-Source-Forschung und Tracking anderer Organisationen unterstützen und zusammenführen – alles mit dem Ziel, offene Gesellschaften, Meinungsfreiheit und Unabhängigkeit der politischen Willensbildung zu unterstützen.

Ein weiteres wirksames Mittel ist es, Propagandaquellen öffentlich zu kennzeichnen. Dafür könnten sich europäische und nationale Behörden sehr konkreter Beispiele bedienen: Sie könnten Medien benennen, die den Ausbruch der Covid-19-Krise in China drei Monate lang zensiert haben, oder die Geständnisse ausstrahlen, die unter Folter erzwungen wurden. Die USA haben einige chinesische Medien als »ausländische Missionen« identifiziert, was deren Glaubwürdigkeit als Informationsquelle schadet. Allein im Jahr 2020 waren es 15, dazu gehören führende chinesische Medien wie die Agentur Xinhua oder das China Global TV Network und die Zeitung *People's Daily*. Zudem sollte Transparenz über chinesische Organisationen innerhalb der EU erzwungen werden. Um Möglichkeiten für Spionage und die Ausbreitung von Chinas massivem Informationskontrollsystem einzuschränken, sollten chinesische Telekommunikationsunternehmen von europäischer Infrastruktur ausgeschlossen werden, zum Beispiel Huawei von den 5G-Netzwerken, und öffentliche Stellen in der EU und den Mitgliedsstaaten sollten keine Tech-Plattformen nutzen, die sich unter chinesischer Kontrolle befinden.

Da der Schutz der Demokratie in der derzeitigen politischen Konstellation ein gemeinsames Interesse auf beiden Seiten des Atlantiks ist, sollte die Diskussion über die Verantwortung von Plattformen für die Moderation von Inhalten und die Entfernung von Hassreden und Fake News selbstverständlich sein. Denn über sie findet der höchst demokratieschädliche Informationskrieg statt. Hasskommentare und gezielte Fehlinformation haben direkten Zugang zu den Bürgerinnen und Bürgern, wenn diese auf ihre Handys blicken. Ein transatlantischer Ansatz, der weitere demokratische Staaten einbeziehen würde, könnte auf globaler Ebene effektivere Ergebnisse erzielen. Zudem sollte gemeinsam stärker gegen Cyberbedrohungen vorgegangen werden, auch durch den zunehmenden Einsatz von hochentwickelter KI. Die USA und die EU sollten gemeinsam daran arbeiten, KI und andere IT-Systeme sowie kritische Infrastruktur weniger verwundbar zu machen. Der Schutz sensibler Datenströme sollte dabei besonders im Vordergrund stehen.

Demokratiezerstörung in der EU

Auch außerhalb des digitalen Raums stehen die Grundwerte der Europäischen Union unter Druck, und dies in einigen Staaten sehr massiv. Das schlimmste Beispiel ist die Aushöhlung der Rechtsstaatlichkeit in Ungarn, seit Viktor Orbán am 29. Mai 2010 erneut Premierminister wurde. Mit einer Zweidrittelmehrheit im Parlament hat er Verfassungs- und Gesetzesänderungen umgesetzt, die die demokratischen Institutionen schwächen, Grundrechte und die Gewaltenteilung einschränken, etwa durch eine Wahlrechtsreform und neue Mediengesetze. Die Rolle des Verfassungsgerichts hat er stark eingeschränkt, die Unabhängigkeit der Justiz steht infrage, das Recht auf freie Meinungsäußerung, die akademische Freiheit, der Minderheitenschutz und die Grundrechte von Asylsuchenden und Flüchtlingen werden verletzt. Dies stellte das Europäische Parlament bereits 2018 in einem Bericht fest. Mittlerweile hat die EU mit Ungarn einen Mitgliedsstaat, der als semi-autoritäres Regime gewertet wird.

Auch in Polen wird der Abbau von Demokratie und Rechtsstaatlichkeit angeprangert, wie in Ungarn ist dort die Lage besonders ernst, da der Rechtsstaat systematisch und strukturell umgebaut wird. Es geht also mitnichten um einzelne Verfehlungen. Die Slowakei und Malta stehen nach den Morden an investigativen Journalisten unter Druck – nicht nur, weil die Pressefreiheit erheblich in Gefahr ist, sondern auch wegen massiver Korruption, die im Übrigen auch in Rumänien und Bulgarien ein großes Problem darstellt.

Demokratie und Rechtsstaatlichkeit sind fundamentale Prinzipien einer funktionierenden EU, die jedes Mitglied bei seinem Beitritt unterzeichnet hat. In den ersten 50 Jahren der Integration war kaum vorstellbar, dass ein Staat sich so weit davon entfernt, dass Sanktionsmechanismen nötig sind, um ihre Einhaltung sicherzustellen. Das ist heute aber leider Realität in der EU. Und interne wie externe Kräfte versuchen, das Fundament weiter ins Wanken zu bringen. Dagegen ist die EU nicht gut aufgestellt.

Viel zu lange haben nationale Regierungen und auch die EU-Institutionen dazu geschwiegen, was ein großer Fehler war. Denn die Antwort auf den Rückbau von Demokratie und Rechtstaatlichkeit kann nicht nur eine juristische, sie muss auch eine politische sein. Mit Artikel 7 des EU-Vertrags und der Konditionalität der Finanzierung durch EU-Mittel verfügt die EU mittlerweile über zwei Mechanismen zur Verteidigung der Rechtsstaatlichkeit. Sie müssen konsequent mit voller politischer Unterstützung der Regierungen angewendet werden – wer sich nicht an die Prinzipien hält, sollte keine EU-Gelder mehr bekommen. Transparenz wird der nun einmal jährlich erscheinende Bericht der Europäischen Kommission zu Rechtstaatlichkeit und Demokratie bringen. Dass er alle Mitgliedsstaaten untersucht, ist äußerst wichtig, weil gerade die mittel- und osteuropäischen Regierungen die Kritik am Rückbau der Rechtsstaatlichkeit als Konflikt zwischen West und Ost charakterisieren, der jeglicher Objektivität entbehre und eine Kritik an der osteuropäischen Lebensart sei.

Eine Chance, noch weiterreichende Instrumente zu schaffen, bieten europäische und nationale Lieferkettengesetze, die Unternehmen darauf verpflichten sollten, bei der Wahl ihrer Geschäftsbeziehungen auf die Einhaltung von Menschenrechten, Rechtsstaatlichkeit und demokratischen Grundsätzen zu achten. Zudem ist es nötig, zu beobachten, ob nationale und regionale Wahlen ordentlich durchführt werden – mittlerweile ist dies leider auch innerhalb der EU nötig. Die Organisation für Sicherheit und Zusammenarbeit in Europa (OSZE) kann hierbei eine wichtige Rolle spielen, ebenso zivilgesellschaftliche Gruppen. Letztere können – ebenso wie unabhängige Medien und die entsprechende Einheit, die in der EU gegen ausländische Desinformation arbeitet – zudem einen wichtigen Beitrag zur Identifikation von Desinformationskampagnen leisten, die gerade vor Wahlen eingesetzt werden. In den meisten Fällen in der EU stecken externe Kräfte dahinter. Ein trauriger Sonderfall ist wiederum Ungarn. Hier finden sich Desinformationskampagnen in staatlichen und staatsnahen Medien. Die Regierung, die einen Großteil der ungarischen Medien unter anderem über Eigentumsverhältnisse unter ihre Kontrolle gebracht hat, verbreitet selbst gezielt Lügen.

Der Kampf um Rechtsstaatlichkeit und Demokratie im Inneren ist für die Zukunft der EU entscheidend. Rechtsstaatlichkeit gehört zu den fundamentalen Prinzipien der Europäischen Union, zu denen sich alle Mitgliedsstaaten in Artikel 2 des EU-Vertrags bekannt haben. Sie ist zentral für das Funktionieren der europäischen Rechtsordnung und für den europäischen Zusammenhalt, übrigens auch für den Binnenmarkt. Schaffen einzelne EU-Staaten Gerichte ab, die unabhängig urteilen dürfen, Medien, die frei berichten, Wahlen, die nicht nur frei, sondern auch fair sind, und werden die Bürgerinnen und Bürger nicht mehr vor staatlicher Willkür geschützt und vor dem Gesetz gleich behandelt, dann verliert die ganze Europäische Union das, wofür sie auch als Antwort auf Krieg, Faschismus und Völkermord im 20 Jahrhundert steht.

Das ist nicht nur im Inneren ein Verrat an den eigenen Prinzipien. Es würde der EU im globalen Systemwettbewerb jede Legitimation entziehen, sich international für Demokratie, Rechtsstaatlichkeit und Menschenrechte einzusetzen. Daher ist es so wichtig, dass die EU die gemeinsamen Mechanismen zur Überwachung ihrer Grundprinzipien gestärkt hat und Abweichungen hart sanktioniert. Dafür muss sich jeder einzelne EU-Staat, der noch im westlichen, liberalen Lager steht, einsetzen. Nicht nur durch Druck auf Regierungen, sondern auch durch eine gezielte Förderung derjenigen Kräfte, die in ihren Staaten selbst gegen den Verfall des liberal-demokratischen Systems kämpfen. Lässt sich die Erosion von Rechtsstaatlichkeit und Demokratie im Inneren nicht umkehren, wird die EU irgendwann vor harten Entscheidungen stehen: entweder sich von Mitgliedsstaaten zu verabschieden, die nicht mehr auf der gemeinsamen normativen Grundlage stehen – oder zu akzeptieren, dass sich der Grundkonsens in der Gemeinschaft fundamental verschoben hat.

Wirtschaftliche Kraft und Nachhaltigkeit

E ine entscheidende Grundlage für gesellschaftliche Resilienz und funktionierende Demokratien ist sozioökonomische Stabilität. Diese kann angesichts der Markt- und Währungsintegration innerhalb der EU nur gefördert werden, wenn auf europäischer und nationaler Ebene die nötigen Instrumente und Mittel dafür da sind und die Politik auf beiden Ebenen aufeinander abgestimmt ist. Die Finanz-, Verschuldungs- und Bankenkrisen ab 2008 und die Covid-19-Pandemie gut zehn Jahre später haben nicht nur gemein, dass sie einen Wirtschaftseinbruch von historischer Tragweite nach sich gezogen haben. Sie haben auch demonstriert, dass unvollständige Integration zur Gefahr für den Status quo der Gemeinschaft werden kann.

Im Falle der Krisen in der Eurozone wurde der EU fast zum Verhängnis, dass zwar die Währungen integriert wurden und die Europäische Zentralbank die Geldpolitik übernahm, es aber gleichzeitig für den Krisenfall keine europäischen Stabilisierungsinstrumente gab. In der Pandemie griff ein ähnliches Muster: Im Zuge der Binnenmarktintegration wurde die grenzüberschreitende Mobilität der Bevölkerung nicht nur möglich, sondern explizit gefördert. Doch die EU bot in der transeuropäischen Gesundheitskrise keinerlei Schutz. Sie hatte nicht einmal die Möglichkeit, kurzfristig Transparenz über den europaweiten Verlauf der Pandemie sicherzustellen. Die EU hatte keine Zuständigkeit für Gesundheitspolitik, also wurde die Krise national bekämpft. Die Grenzen gingen wieder hoch. Durch Covid-19 wurde offensichtlich, dass die EU über das akute Pandemiemanagement hinaus gesundheitspolitische Zuständigkeit braucht, um den Binnenmarkt offen zu halten und die Bevölkerung zu schützen. Während der mehrjährigen Finanzkrise wurden ganz ähnliche Erfahrungen gemacht – und es wurde gehandelt: Die Eurozone wurde mit nötigen Instrumenten und begleitenden Politiken ausgestattet.

Nach 15 Jahren Krisenerfahrung in der EU ist klar geworden, dass die Europäische Union zum Erhalt des Binnenmarkts, der wirtschaftlichen Wettbewerbsfähigkeit, der Stärkung des Euro und ihrer internationalen wirtschaftlichen Handlungsfähigkeit ihre Wirtschaftsordnung weiterentwickeln muss. Hinzu kommt die notwendige ökologische Transformation, die für die EU eine Herausforderung im Inneren und gleichzeitig eine internationale Gestaltungschance ist.

Finanzordnung der EU im Umbruch

Das Versprechen von wirtschaftlichem Wohlstand ist das Herzstück des europäischen Projekts. Doch die globale Finanzkrise hat die Union ab 2008 schwer getroffen und das Vertrauen der Bürger in die gemeinsame Währung ernsthaft gefährdet. Während die Ursachen der Krisen in der Eurozone längst noch nicht beseitigt sind, haben die wirtschaftlichen Folgen der Covid-19-Krise Europa bereits vor die nächsten Herausforderungen gestellt. Klar ist: Der Binnenmarkt und die Eurozone müssen gestärkt werden.

Deutlich bevor die Pandemie über die EU hereinbrach, war klar identifiziert, was der EU und der Eurozone fehlte: Die Bankenunion sollte noch vervollständigt werden, etwa durch die Einführung eines europäischen Einlagensicherungssystems. Die EU braucht nach wie vor einen tiefen Finanzmarkt, um die Finanzierungsbedingungen in der EU zu verbessern. Die Kapitalmarktunion steht seit Jahren auf der politischen Agenda der EU, doch ohne Krisendruck ließ sich keine politische Einigung herstellen. Beides sollte jetzt weiter angegangen werden, auch um die Grundlage für eine stärkere internationale Rolle des Euro zu schaffen, die geopolitisch immer wichtiger wird. Auch ein drittes Thema hängt fest: die Stärkung der wirtschafts- und budgetpolitischen Zusammenarbeit. Nach den Krisen in der Eurozone macht die Debatte um eine Fiskalunion von sich reden. Die Präsidenten der fünf EU-Institutionen schlugen hierzu, wie auch zur Banken- und Kapitalmarktunion, konkrete Schritte vor. Doch sowohl die Idee des Eurozonenbudgets als auch eine engere wirtschaftspolitische Zusammenarbeit verschwanden von der Agenda, als die Krisen in der Eurozone abebbten. Die Bereitschaft zur finanziellen Solidarität und Risikoteilung und dazu, sich von den anderen Staaten »reinreden« zu lassen, war viel zu gering.

Die Antwort der EU-Staaten auf die Covid-Pandemie hat die Ausgangslage für weitere Reformdiskussionen zur Wirtschafts- und Währungsordnung nun allerdings verändert. Wichtigster Grund dafür ist der Wiederaufbaufonds »NextGenEU«, der nicht nur durch sein Volumen von 750 Milliarden Euro bemerkenswert ist und dadurch, dass er neben Krediten auch durch Transfers die harten Folgen der Krise für Staaten, Unternehmen und Individuen abfedert. Beachtlich ist vor allem, dass die EU das Geld für den Fonds und für das 100 Milliarden Euro schwere Kreditprogramm SURE an den Märkten über europäische Anleihen aufnimmt. Auch wenn der Wiederaufbaufonds ein zeitlich begrenztes Instrument ist, verändert er die Situation in der EU.

In den nächsten Jahren werden die Regierungen die Frage klären müssen, ob und wie die EU weiterhin Schulden machen soll, um EU-Ausgaben zu finanzieren. Die Rechtsgrundlage dafür gibt es seit Jahrzehnten. Der Wiederaufbaufonds hat diese Möglichkeit genutzt und befeuert damit eine neue Diskussion über die Finanzierung von EU-Politiken. Nicht nur die Erkenntnis, dass Verschuldung möglich ist, verändert die Lage. Auch die Tatsache, dass Schulden nun tatsächlich existieren, tut dies. Die Anleihen, die die EU begibt, bieten an den Finanzmärkten ein neues, sicheres Anlageinstrument, da die EU gemeinsam dafür garantiert. So ist es attraktiv für internationale Marktteilnehmer und auch für die Europäische Zentralbank, die auf besonders sichere Anlageformen achtet. Durch die große Nachfrage nach europäischen Anleihen helfen diese – quasi im Nebeneffekt – der Stärkung der internationalen Rolle des Euro, denn er erhält dadurch Aufwind als Anlagewährung. Gleichzeitig ist der Wiederaufbaufonds eine mögliche Form der viel diskutierten, aber bis zuletzt nicht durchsetzbaren »Fiskalkapazität«, also eines Budgets für die Eurozone, das anders als der jetzige EU-Haushalt zum Beispiel Konjunkturschwankungen ausgleicht und damit antizyklisch wirkt und der Geldpolitik der EZB eine Art Haushaltspolitik gegenüberstellt. Dies wäre eine sehr wichtige Ergänzung zur Governance der Eurozone. Es gibt keine andere Währungsunion auf der Welt, die in Größe und strukturellen Divergenzen mit der Eurozone vergleichbar ist und die ohne stärkere haushaltspolitische Instrumente auf föderaler Ebene überlebt hat.

Durch die im Rahmen der Covid-Krise ergriffenen Maßnahmen bietet sich der EU eine neue Chance: Jetzt sollte der Rahmen dafür gesetzt werden, dass der Wiederaufbaufonds als Blaupause dient für ein dauerhaftes Instrument, das nach Ablauf von dessen Zeit übernimmt. Es wird sicher eine hochpolitische Diskussion, über welche Einnahmen dieses Instrument zukünftig mit Finanzkraft ausgestattet werden soll und welche Ausgaben dadurch finanziert werden können. Diese Debatte ist umso wichtiger, als der normale EU-Haushalt, der 2020 für sieben Jahre gesetzt wurde, sich wieder einmal als schwer reformierbar gezeigt hat. Denn einige Staaten halten verbissen an teuren Politiken fest, die ihnen besonders helfen. Da am Ende mit Einstimmigkeit entschieden werden muss, geht beispielsweise immer noch überproportional viel Geld in die Landwirtschaft. Ein verstetigter Wiederaufbaufonds könnte sehr viel agiler und gezielter für die Finanzierung von Zukunftsaufgaben und zur Stabilisierung von durch Krisen besonders betroffenen Mitgliedsstaaten eingesetzt werden. Er sollte auch dazu genutzt werden, den Mitgliedsstaaten konkrete, wirksamere Anreize zu setzen, als dies bislang möglich ist: Geld sollten nur diejenigen Staaten bekommen, deren Regierungen ihre Länder und die EU durch ambitionierte Reform- und Modernisierungspläne zukunftsfähig machen.

Europas Wettbewerbsfähigkeit und Resilienz müssen weiter gestärkt werden, und das Geld, das die EU ausgibt, sollte dafür ganz gezielt eingesetzt werden. Keine Kompromisse mehr darf es bei Rechtsstaatlichkeit und Demokratie geben – sie einzuhalten sollte Bedingung für neue Ausgabenprogramme sein. Gerade mit Blick auf Staaten, deren politische Führung die Rechtsstaatlichkeit beschädigen, könnte die EU einen ganz neuen Weg prüfen – Brüssel sollte EU-Gelder nicht nur an nationale Regierungen geben können. Etwa in der Covid-19-Pandemie hätte Krisenhilfe für das Gesundheitssystem auch direkt an Bürgermeister oder regionale Regierungen gehen können, die die europäischen Grundwerte einhalten wollen, aber aufgrund der Zentralregierung in Staaten arbeiten, die diese beschädigen.

Überdies müssen die Mitgliedsstaaten sich mit der Zukunft des Stabilitäts- und Wachstumspakts befassen. Dieser wurde angesichts der wirtschaftlichen Folgen der Pandemie ausgesetzt. Im Schnitt liegt der öffentliche Schuldenstand der Eurozone derzeit bei 100 Prozent des Bruttoinlandsprodukts, also weit entfernt vom 60-Prozent-Ziel. Die drei nach Deutschland größten Volkswirtschaften der Eurozone, Frankreich, Italien und Spanien, werden bei 120 bis 160 Prozent liegen. Die vom Pakt vorgeschriebenen Ziele beim Schuldenabbau sind bei solch hohen Schuldenständen ad absurdum geführt – politisch wie ökonomisch. Denn die Staaten würden, um die ursprünglichen Ziele zu erreichen, eine prozyklische Konsolidierungspolitik durchführen müssen. Das würde die wirtschaftliche Erholung nicht nur belasten, sondern könnte sie unmöglich machen. Vor diesem Hintergrund ist es an der Zeit, eine umfassende Reform des Regelwerks auf den Weg zu bringen – dessen Durchsetzbarkeit und vor allem seine ökonomische Rationalität seit Jahren umstritten ist. Europa hat jetzt die Chance, die Währungsunion durch eine Weiterentwicklung der Banken- und Kapitalmarktunion, durch ein stärkeres Budget und die Reform der Haushaltsregeln stärker aufzustellen. Der Sorge vor falschen Anreizen sollte durch einen stärkeren Rechtsrahmen und einen klaren Prozess zum Umgang mit Staatsinsolvenzen begegnet werden.

Die internationale Rolle des Euro stärken

Um ihre Handlungsfähigkeit und Entscheidungsautonomie in der von geoökonomischen Konflikten geprägten Welt auszubauen, muss die Europäische Union die internationale Rolle des Euro stärken. Seit seiner Einführung im Jahr 1999 hat sich der Euro zur zweitwichtigsten Währung der Welt entwickelt. Durch die Krisen in der Eurozone hat er zwar etwas an Ansehen eingebüßt, aber er erlebte nie eine Währungskrise. Dass sich in den vergangenen Jahren die Diskussion um die internationale Rolle des Euro so stark entwickelt hat, liegt daran, dass Währungen immer wieder eingesetzt werden, um Regierungen unter Druck zu setzen.

Eine stärkere internationale Rolle des Euro lässt sich nicht »deklarieren« – sie muss im Inneren hart erarbeitet werden. Letztendlich wird die Bedeutung einer Währung von den Märkten entschieden. Die Marktteilnehmer interessiert, wie stabil die Währungsunion und die dahinter liegende Wirtschaft und die Staatsfinanzen sind, und ob die Regierungen bereit sind, die Eurozone zu stärken.

Der Euro hat zwei gute Voraussetzungen dafür, eine größere Rolle einzunehmen: eine große Volkswirtschaft und freien Kapitalverkehr. Und doch fehlt ihm einiges: ein tiefer, integrierter Finanzmarkt und mehr sichere Anlagen in der Eurozone, wenngleich die gemeinsamen europäischen Anleihen zur Finanzierung des Wiederaufbaufonds und das Programm SURE wichtige Fortschritte sind. Ihr Beitrag zur stärkeren internationalen Rolle des Euro ist ein starkes Argument dafür, dass es nach Ablauf des derzeitigen Wiederaufbaufonds weitere europäische Anleihen geben sollte. Die Vervollständigung der Bankenunion und der Kapitalmarktunion sind weitere entscheidende Schritte, damit die Währungsunion einen tieferen Kapitalmarkt bekommt. Schließlich müsste die geopolitische Ausrichtung der Gemeinschaft entschiedener und stärker werden, um die internationale Rolle des Euro zu unterstützen. Es ist relevant, ob ein Währungsraum eine glaubhafte und verlässliche politische Ausrichtung und Führung hat, um breites Vertrauen in die Währung zu erarbeiten.

Zwischen China und den USA gilt für die EU: Weitere Integrationsschritte in der Eurozone, so technisch sie klingen mögen, sind wichtige Beiträge dazu, die Europäische Union als geopolitischen Akteur zu stärken und resilienter gegen äußeren Druck zu machen. Das sollten diejenigen Entscheidungsträger, die immer wieder Schritte zur Vervollständigung der Eurozone blockieren, berücksichtigen. Neben die oft buchhalterisch inspirierte Diskussion von Haushaltsregeln sollte daher die Debatte treten, was die EU und ihre Mitgliedsstaaten in Zukunft brauchen werden, um ihre Interessen in der konfliktreicheren Welt am besten zu vertreten. Eine starke und international genutzte Währung gehört dazu. Der Euro hat die Chance, neben dem Dollar an Gewicht zu gewinnen, weil viele andere Staaten und private Anleger ihr Risiko gerne aus dem Dollarraum in die Eurozone diversifizieren wollen.

Die ökologische Transformation bewältigen

Die größte Herausforderung für unsere Welt ist der Klimawandel. Bereits jetzt ist klar, dass schlimme Folgen nicht mehr verhindert, sondern nur noch eingedämmt werden können, da die Politik, die Wirtschaft und die Verbraucher die Warnungen von Wissenschaftlern und Klimaaktivisten zu lange nicht hören wollten. Denn die ökologische Transition fordert einen Umbau der Wirtschaft, der Energieversorgung und Mobilität und fordert uns in unseren Lebensgewohnheiten heraus.

Die Europäische Union hat sich ambitionierte Ziele gesetzt: Sie hat eine rechtlich verbindliche Verpflichtung zu Netto-null-Emissionen verabschiedet, und der europäische Green Deal von 2020 soll die CO_2-Emissionen bis 2030 um 55 Prozent reduzieren. Im Inneren der EU wird allerdings um die Umsetzung gerungen werden müssen. Einige EU-Staaten verlassen sich zum Beispiel noch stark auf Kohle und stehen daher, trotz der Unterstützung, die aus dem Wiederaufbaufonds NextGenEU für die Klimatransition zur Verfügung steht, der Umstellung skeptisch gegenüber. Wichtig am Europäischen Green Deal ist, dass er grundlegende Veränderungen bei Nachfrage und Angebot bewirken wird – durch die Marktattraktivität der EU als zweitgrößtem Importeur der Welt und ihre Regulierungsmacht. Die EU ist Vorreiter auf dem Weg zu einer grünen Wirtschaft, und das wird Strahlkraft in der Welt entwickeln. Es gibt sehr gute Chancen, dass Europas Normen und Standards in anderen Regionen übernommen werden, von Produktstandards bis hin zur Verantwortlichkeit in der Lieferkette.

Die USA hinken Europa einige Jahre hinterher, holen aber seit Amtsantritt von Joe Biden auf. Seine Regierung treibt auch außenpolitisch eine ehrgeizige internationale Agenda für das Klima voran, die neue Möglichkeiten für transatlantische Kooperation eröffnet. Diese Agenda ist sehr vielfältig und komplex, denn es geht um Klimaschutz, um Wirtschaft, um Finanzierung und Entwicklungsfragen und auch um Demokratie – denn je schlimmer die Auswirkungen des Klimawandels sind, desto größer werden die Ungerechtigkeiten, die unsere Demokratie und alle Werte, für die wir kämpfen, gefährden.

Die EU und die USA sollten gemeinsam eine transatlantische Klimaagenda entwickeln und dabei stark in den Blick nehmen, wie sich die nationalen Maßnahmen der EU und der USA auf den Rest der Welt auswirken. Insbesondere in Ländern des Globalen Südens wird die Klimatransformation zu Belastungen führen und Unterstützung erfordern. Zudem muss die internationale Governance-Architektur für Klima- und Ökosysteme konsolidiert werden, was wiederum nur in Zusammenarbeit mit anderen für die Klimatransition entscheidenden Staaten wie China oder auch Indien gehen wird. In den kommenden Jahren bietet sich für die EU und die USA ein Zeitfenster, um Netto-null-Verpflichtungen in konkrete Politiken, Finanzierungsrahmen und gemeinsame Verpflichtungen einzubetten, die einen fairen globalen Übergang zur Nachhaltigkeit unterstützen. Dieses sollten beide Partner nutzen.

Wer die EU voranbringt

Die europäische Integration wurde mit drei Versprechen verbunden. Das Friedensversprechen ist verbraucht. Niemand erwartet mehr einen Krieg unter den Mitgliedsstaaten. Das Wohlstandsversprechen ist durch die Finanzkrise und die Auswirkungen der Globalisierung und Digitalisierung sowie die Folgen der Covid-19-Krise angekratzt. Das Schutzversprechen wurde für Teile der Bevölkerung in der Migrationskrise, durch Terroranschläge und dann in der Covid-Krise beschädigt. Die EU wird sich davon nur erholen können, wenn sie viel stärker nach innen und nach außen wirkt, um Schutz zu bieten.

Was von Europas Versprechen übrig bleibt

Pessimisten warnen, dass das Integrationsprojekt unter dem Druck politischer, wirtschaftlicher und gesellschaftlicher Spannungen auf sein Ende zusteuern könnte. Entspannung ist erst einmal nicht in Sicht: Die Wirtschaftslage ist angespannt, die Arbeitslosigkeit wächst – und die Bevölkerung rechnet laut Eurobarometer von Frühjahr 2021 mit einem weiteren wirtschaftlichen Krisenjahr. Diese Haltung schlägt sich allerdings nicht auf die Europäische Union nieder – noch nicht. Sechs von zehn Europäerinnen und Europäern waren in derselben Eurobarometer-Umfrage nach wie vor der Überzeugung, dass es für ihr Land besser ist, in der Europäischen Union zu bleiben als auszutreten. Weniger als drei sehen eine bessere Zukunft für ihr Land außerhalb der EU. Der Anteil derjenigen, die der EU vertrauen, ist nach einem Jahr Covid-Krise im EU-Durchschnitt bei 43 Prozent stabil geblieben. Damit genießt die EU 3 Prozentpunkte mehr Vertrauen als die jeweilige nationale Regierung und 7 Prozentpunkte mehr als die nationalen Parlamente.

Auf dieser Basis muss die EU an ihrer Handlungsfähigkeit arbeiten, um sich im Systemwettbewerb zwischen China und den USA als eigenständiger Spieler zu positionieren. Führt man sich die Folgen der Machtspiele, etwa das Ringen um die Vorherrschaft im digitalen Raum und die Gefahr einer militärischen Auseinandersetzung im Indo-Pazifik, und die wachsenden transnationalen Risiken etwa im Bereich Gesundheit, Klima und Terrorismus vor Augen, wird deutlich, wie aussichtslos die von manchen Regierungen und Parteien innerhalb der EU propagierten Alleingänge sind. Kein Mitgliedsstaat allein, auch nicht ein großer wie Deutschland, hat auf eigene Faust die Chance, sich selbst zu schützen und international mitzugestalten.

Vor diesem Hintergrund sollte die Covid-19-Krise eine Zeit sein, in der die Europäische Union sich selbst überprüft, um die wirtschaftlichen, politischen und sozialen Herausforderungen gestalten zu können, vor denen wir heute stehen. Es besteht jetzt die Möglichkeit, die neue Normalität nicht nur anders werden zu lassen, als die alte war, sondern sie mitzuprägen. Die Umbrüche werden groß sein und die Welt wird anders aussehen, als wir sie kennen. Umso mehr sollte Europa loslegen und sie formen, statt abzuwarten und nur geformt zu werden.

Aber wer nimmt das in die Hand?

Machtverschiebungen und neue Verhinderungskoalitionen

Üblicherweise wird auf Berlin und Paris geblickt, als Motoren der Integration, als Initiatoren von neuen Vorhaben, als diejenigen Staaten, die fast die Hälfte der Wirtschaftskraft in der gesamten

Eurozone aufbringen, entsprechende Finanzstärke haben und daher maßgeblich mitbezahlen, wenn sich die EU neue Maßnahmen etwas kosten lässt. Beide Staaten profitieren enorm von der Einbindung in Europa, Deutschland wohl noch mehr als Frankreich vom integrierten Markt und der Gemeinschaftswährung. Und beide haben ihren internationalen Einfluss mit der EU im Rücken noch verstärkt.

Das Engagement der beiden größten Staaten bleibt entscheidend für die Weiterentwicklung der Gemeinschaft. Umso beunruhigender sind die Anzeichen, dass ihr Verhältnis auf politischer und gesellschaftlicher Ebene im Stillen auseinanderdriftet. Die Covid-Krise hat dazu beigetragen: Massive Spannungen über Grenzschließungen, ein völliger Abbruch gesellschaftlicher Austausche, nur punktuelle politische Begegnungen – das Fundament der engsten Beziehungen zwischen zwei europäischen Staaten bekommt Risse. Nach den Wahlen in Deutschland und Frankreich ist es daher höchste Priorität, auf allen Ebenen dafür zu arbeiten, dass das Vertrauen und gemeinsame Handlungsperspektiven unter den dann Verantwortlichen wieder aufgebaut werden.

Innerhalb der EU haben die beiden Regierungen gegenüber den weiteren 25 Mitgliedsstaaten nicht mehr die gleiche Mobilisierungskraft wie früher, da die Positionen der anderen Regierungen weiter auseinanderliegen. Dies liegt auch daran, dass in einige Staaten offen anti-europäische Kräfte an der Regierung beteiligt sind oder aus der Opposition heraus Druck ausüben und nationale Positionen so verändern. Zudem berühren weitere Integrationsschritte, sei es in der Außenpolitik oder in der Eurozone, mittlerweile sensible Fragen der nationalen Souveränität. Daher ist es heute viel schwieriger, Einigkeit über weitere Schritte herzustellen, als zu Zeiten einer weniger tief integrierten EU.

Heute grenzen sich Staats- und Regierungschefs von der EU in einer Art und Weise ab, die es früher nicht gab. Wie sich der polnische Ministerpräsident Mateusz Morawiecki gegen die Rechtsstaatsbedingung im Wiederaufbaufonds wehrte, zeugt von dem neuen Ton in der Gemeinschaft: »In der EU gibt es eine europäische Oligarchie, die die Schwächsten bestraft. […] Wir sagen ›Nein‹ dazu, wie Kinder bestraft zu werden. […] Es ist eine Frage der Souveränität.« Morawiecki warnte, dass die Rechtsstaatskonditionalität den Untergang der EU einleite: »Heute denkt man, dieses Instrument ist gegen uns gerichtet, gegen Ungarn, vielleicht gegen Slowenien, vielleicht gegen irgendein anderes Land in Mitteleuropa. In ein paar Jahren, in zwei oder drei Jahren, könnte es gegen jemand anderen gerichtet sein.« Entscheidungen, die auf willkürlichen Bestimmungen in den Verordnungen basieren, könnten zum Zusammenbruch der EU führen.

Beschreibungen der EU als Feindbild, so wie die des polnischen Ministerpräsidenten, gehören heute zur alltäglichen politischen Debatte in der EU. Durch derartige Polarisierungen entstehen Misstrauen und Missgunst, und es ist viel schwieriger geworden, Regierungen in angespannten inneren Situationen an Bord zu holen. Besonders schädlich sind die Versuche, es als feindlichen Angriff zu klassifizieren, wenn die EU darauf besteht, dass von allen Mitgliedern unterzeichnete Prinzipien auch eingehalten werden.

Die harte und blockierende Haltung einiger mitteleuropäischer Staaten hat nicht nur mit ideologischen Differenzen zu tun. Es kommt hinzu, dass sich durch den Brexit die Machtbalance in der Europäischen Union maßgeblich verschoben hat, worauf einige mittlere und kleinere Staaten mit einer Abwehrhaltung reagieren. Großbritanniens Austritt gab Deutschland und Frankreich noch mehr Gewicht in der EU. Er marginalisierte gleichzeitig die Staaten, die traditionell eng mit Großbritannien zusammengearbeitet haben, insbesondere die Nicht-Eurozonen-Länder. Letztere, wie Polen, Dänemark, Schweden und andere, machen heute nur noch 14 Prozent der Wirtschaftskraft des Binnenmarkts aus. Mit 86 Prozent des BIPs ist die Eurozone heute ein sehr großer Kern in der EU-27. Als Großbritannien mit seiner geballten Wirtschaftskraft von 2,5 Billionen Euro noch Mitglied der EU war und sich im Namen aller Nicht-Mitglieder auf seine oftmals sehr effektive Art gegen eine Verlagerung von mehr Entscheidungen in die Eurogruppe stemmte, machten die Nichtmitglieder noch 28 Prozent der Wirtschaftskraft aus.

Ihren Einflussverlust versuchen die verbliebenen Nicht-Euro-Staaten zu kompensieren. Im Februar 2018 schlossen sie sich mit wirtschaftlich ähnlich orientierten »nordischen Staaten« in der sogenannten Hanseatischen Liga zusammen. Die vor allem kleineren nordosteuropäischen Staaten befürchteten, Frankreich könnte Deutschland für mehr Integration nach »südlichen Vorstellungen« vereinnahmen, und stellten sich unter anderem gegen Macrons Vorschlag eines Eurozonenhaushalts. In dieser »Neinsager-Koalition« vertreten diese Länder nicht etwa plötzlich andere Interessen, als sie früher schon hatten. Sie artikulieren sie nur lauter, wohingegen sie sich früher hinter Großbritannien verstecken konnten.

Auch eine eher südlich orientierte Koalition zeichnet sich ab: Der Brexit, die wirtschaftlichen Folgen der Covid-19-Krise und der wachsende Druck Chinas stärken die Argumente derjenigen, die eine strategischere Industrie-, Forschungs- und Innovationspolitik und mehr gemeinsame Ausgaben unterstützen. Angesichts des internationalen Drucks stellen sie die rigide Wettbewerbspolitik der EU im Inneren infrage. Das Ringen um das beste Wirtschaftsmodell und die Frage, ob die Eurozone für die EU insgesamt zum Maßstab wird, dürfte die EU in den kommenden Jahren stark beschäftigen. Deutschland und Frankreich haben eine sehr wichtige Rolle darin zu spielen, da sie selbst unterschiedlich positioniert sind und auf beide Gruppen im Sinne eines europäischen Kompromisses einwirken können.

In den vergangenen Jahren haben Verhinderungskoalitionen und finanziell-ökonomische Interessengruppen mehr Gewicht in der EU gewonnen. Regionalgruppen konzentrieren sich vor allem auf sich selbst oder sind durch grenzbezogene Themen und europapolitische Fragen fragmentiert. In den letzten Jahren haben sie jedenfalls nicht als Motoren für größere Initiativen gewirkt. Brückenbauende Formate wie das Weimarer Dreieck, das Deutschland, Frankreich und Polen zusammenbringt, haben keine Impulse gesetzt, was daran liegt, dass sie sich aufgrund grundlegender Perspektivunterschiede auf keine nennenswerte Initiative einigen konnten. Dieser Gesamtlage dürfen Deutschland und Frankreich nicht einfach zuschauen – und andere Staaten, die Dinge bewegen könnten, wie etwa Italien, auch nicht. Die neue Bundesregierung wird besonders gefragt sein, sehr bald nach ihrem Antritt zuzupacken. Das kann und sollte sie in enger Partnerschaft mit Frankreich machen – wenn im Frühjahr 2022 unser Nachbarland eine konstruktive politische Führung haben sollte und nicht etwa die Rechtsradikale Marine Le Pen des Rassemblement National die Wahl gewinnt.

Die Blicke gehen nach innen

Ähnlich wie Joe Biden, der eine »Außenpolitik für die Mittelklasse« angekündigt hat, sollte auch in Europa das Engagement für eine stärkere Gemeinschaft und eine entschiedenere Außenpolitik im Inneren anfangen. Wird die Bevölkerung nicht mitgenommen, würde sich das in Wahlen und Protesten entladen. Die wirtschaftlichen und sozialen Folgen der Covid-19-Pandemie trüben die Stimmung in der Bevölkerung bereits in besonderer Art und Weise. Der Pessimismus der Europäerinnen und Europäer hinsichtlich der Wirtschaftslage ist relevant, denn die Wahrnehmung sozioökonomischer Stabilität durch die Bevölkerung ist eine notwendige Voraussetzung für politische Stabilität und demokratische Resilienz.

Fragt man die EU-Bürgerinnen und Bürger, was sie von der EU erwarten, nennt etwa ein Drittel jeweils vergleichbare Lebensverhältnisse und größere Solidarität zwischen den EU-Mitgliedsstaaten. Ein Viertel betrachtet – nach einem Jahr Covid-19-Krise wenig überraschend – die Entwicklung einer gemeinsamen Gesundheitspolitik als Top-Priorität. Danach kommen schon vergleichbare Ausbildungs- und Bildungsstandards. Die Bevölkerung erwartet also, dass die Europäische Union im Inneren mehr tut, um Konvergenz, Zusammenhalt und Entwicklungschancen zu eröffnen.

Wollen die Regierungen die EU wirklich zu einem stärkeren Spieler im Machtkampf zwischen China und den USA machen, müssen sie nach dem Stress der Wirtschaftskrisen im Inneren für ein stärkeres Gefühl von Schutz und Sicherheit sorgen und stark mobilisieren. Sie brauchen dafür eine Geschichte, die sie über Europa erzählen können. Denn politische Auseinandersetzungen – auch die zwischen liberalen Demokratien und autoritären Staaten – werden auch dadurch gewonnen, dass die politischen Verantwortungsträger überzeugend erzählen können, wohin die Reise gehen soll, und wozu.

Stoff dafür gibt es genug: Unsere Gemeinschaft hat Frieden und Wohlstand auf den Kontinent gebracht – und ein weltweit bewundertes Modell entwickelt, wie Demokratien sich teilweise integrieren und gemeinsame Entscheidungen fällen, weil alle von der Gemeinschaft profitieren können. Auch wenn vieles in den vergangenen Jahren schwierig war – und die multiplen Krisen und ihre tiefgreifenden Folgen zeugen davon –, ist die Lage mit der Europäischen Union doch deutlich besser, als sie ohne sie wäre. Diese Errungenschaft gilt es zu bewahren und zu schützen. Wir haben jetzt zumindest die Chance, mit einer stärkeren EU global mitzugestalten, um unsere Lebensgrundlage zu erhalten und die Welt in eine Richtung zu entwickeln, die unseren Interessen entspricht.

Flexibel vorangehen

In einer idealen Welt würden die Mitgliedsstaaten der EU zum Beispiel eine gemeinsame, mit Fähigkeiten unterlegte Außen-, Sicherheits- und Verteidigungspolitik entwickeln. Sie wären in der Lage, sich trotz ihrer unterschiedlichen Perspektiven auf Prioritäten zu einigen, und könnten kurzfristig agieren, weil die Fähigkeiten im militärischen Bereich, die diplomatischen Kapazitäten und Instrumente des zivilen Krisenmanagements und der Entwicklungshilfe gut ausgestattet und flexibel bereitstehen.

Die Realität ist eine andere. Außenpolitische Stellungnahmen und Entscheidungen lassen sehr oft sehr lange auf sich warten. Der Hohe Vertreter für Außen- und Sicherheitspolitik muss mit einem fragmentierten Rat und einem politisierten Europaparlament arbeiten. Immer wieder halten einzelne Mitgliedsstaaten die anderen auf, denn die EU arbeitet außenpolitisch noch nach dem Prinzip der Einstimmigkeit. Das passt nicht in die Welt eines fortschreitenden Großmächtewettbewerbs und nagt an unserer Glaubwürdigkeit, denn die EU ist dadurch zu langsam und unentschieden. Im Herbst 2020 blockierte Zypern über Monate EU-Sanktionen gegen den belarussischen Präsidenten Alexander Lukaschenko, der seine Abwahl nicht anerkannte und friedliche Demonstranten niederschlagen ließ. Zypern verlangte, dass gleichzeitig Sanktionen gegen die Türkei wegen der Gasbohrungen im östlichen Mittelmeer verhängt werden, worüber es wiederum keinen Konsens gab, auch weil Deutschland ablehnte. EU-Sanktionen gegen Menschenrechtsverletzungen an den Uiguren in der chinesischen Provinz Xinjiang blockierte über längere Zeit Ungarn – China hatte zur gleichen Zeit begonnen, Impfstoffe nach Budapest zu liefern. Aus Brüsseler Verhandlungskreisen hieß es zu diesem Zeitpunkt: »Wir haben Erfahrung – es gibt immer Wege, die Probleme aus dem Weg zu räumen.« Das stimmt zumeist – auch die Sanktionen gegen China wurden schließlich verhängt. Manchmal dauert es allerdings sehr lange. Und manchmal klappt es gar nicht.

Wenn die EU mit Einstimmigkeit entscheidet, ist sie zu langsam – oder gar entscheidungsunfähig. Das ist kaum vertretbar, wenn man sich vor Augen führt, wie rapide sich die Herausforderungen und die politische Lage heute verändern und wie schnell enge Partner der EU reagieren und Gleiches von der EU erwarten. Bis zur Jahrtausendwende, als die europäische Gemeinschaft nicht mehr als ein Dutzend Mitglieder zählte, war es einfacher, in wichtigen Entscheidungen einen Konsens zu finden. Insbesondere seit der EU-Osterweiterung 2004 und 2007 werden die Defizite dieses Entscheidungsmechanismus jedoch immer offenkundiger.

Üblicherweise kaschiert ein grauer Schleier die Lethargie des EU-Systems. Selten kommentieren Vertreter der Mitgliedsstaaten oder der EU-Institutionen, wer blockiert, und dies mitunter nächtelang und oft aus völlig anderen Motiven als die Entscheidung, um die es geht. Mitte Mai 2021 platzte jedoch dem deutschen Außenminister Heiko Maas der Kragen, nach einer Ratssitzung, in der Ungarn die anderen EU-Staaten davon abhielt, den chinesischen Übergriff auf Hongkong zu verurteilen: Ungarns Haltung sei »völlig unverständlich« und ließe sich nur durch eine besonders gute Beziehung der ungarischen Regierung zur chinesischen Führung erklären.

Mit qualifizierter Mehrheit wären außenpolitische Entscheidungen deutlich einfacher zu fällen: Es wäre nur Zustimmung von 55 Prozent der Mitgliedsstaaten nötig, die mindestens 65 Prozent der gesamten EU-Bevölkerung repräsentieren. Das bedeutet, dass einzelne Staaten oder kleinere Ländergruppen überstimmt werden könnten. Um eine Entscheidung mit qualifizierter Mehrheit zu blockieren, braucht es eine Sperrminorität aus mindestens vier Mitgliedsstaaten, die 35 Prozent der EU-Bevölkerung repräsentieren.

Was gut klingt, ist nicht leicht zu haben, obwohl Mehrheitsentscheidungen in der Außenpolitik ohne aufwendiges EU-Vertragsänderungsverfahren eingeführt werden könnten: Die Staats- und Regierungschefs können mithilfe der sogenannten Passerelleklausel den Abstimmungsmodus ändern. Doch auch diese Entscheidung müsste mit Einstimmigkeit gefällt werden – und diese gibt es nicht unter den 27 Regierungen. Und selbst wenn es sie gäbe und Entscheidungen mit Mehrheit gefällt werden könnten, heißt das noch lange nicht, dass sie angewendet wird. Denn Regierungen könnten Themen, die ihnen sehr wichtig sind, von der Ministerebene auf die Chef-Ebene spielen. Damit wäre das Vetorecht wieder da, denn die Staats- und Regierungschefs im Europäischen Rat handeln immer im Konsens – oder sie handeln eben nicht. Obwohl Mehrheitsentscheidungen in der EU-Außenpolitik immer wieder gefordert werden und zu den Forderungen der gemäßigten Parteien im Bundestagswahlkampf gehören, ist ihre Einführung unwahrscheinlich. Also es ist produktiver, nach Alternativen Ausschau zu halten.

Im Falle weiterer Blockaden in wichtigen Fragen könnten die EU-Mitglieder ohne Staaten wie Ungarn oder Zypern gemeinsame Erklärungen unterzeichnen, mit denen sich der Hohe Vertreter öffentlich assoziieren kann. Er hat bereits wiederholt allein Statements abgegeben, damit die EU überhaupt etwas sagt. Darüber hinaus sollten weiterhin kleinere Staatengruppen Vermittlungsaufgaben oder Verhandlungen übernehmen, wie Deutschland und Frankreich im Normandie-Format für die Ukraine oder Frankreich, Großbritannien und Deutschland in der Verhandlung des Iran-Deals, gemeinsam mit China, Russland und den USA. Zusätzlich zu diesen sehr flexiblen Maßnahmen sollte noch eine weitere Option geprüft werden, die »Verstärkte Zusammenarbeit« nach Artikel 326 ff. im Vertrag über die Arbeitsweise der Europäischen Union (AEUV). Eine Gruppe von Mitgliedsstaaten kann damit im Rahmen des EU-Institutionengefüges gemeinsam vorangehen, also enger zusammenarbeiten, ohne die anderen Staaten auf die Politik mitzuverpflichten. Auch für solche Pioniergruppen können Mehrheitsentscheidungen eingeführt werden, und das wäre politisch bei Weitem einfacher zu realisieren als im großen Kreis von 27. Schon vor Beginn der Zusammenarbeit in der Kleingruppe könnte es die Übereinkunft geben, dass so bald wie möglich Mehrheitsentscheidungen eingeführt werden.

Im militärischen Bereich würden die Europäischen Interventionsinitiativen den Rahmen für flexibles Handeln in kleinen Gruppen geben. Wichtig ist, dass Initiativen nur weniger Mitgliedsstaaten im EU-Gefüge verortet werden, um die Gemeinschaft nicht durch parallele Foren zu schwächen – egal in welchem Politikbereich. Auch Großbritannien sollte, wann immer eine gemeinsame politische Zielsetzung besteht, eng eingebunden werden.

Wenn die Regierungen der EU-Mitgliedsstaaten eine nach außen stärkere EU wirklich wollen und dies nicht nur behaupten, können sie der Gemeinschaft in außenpolitischen Belangen auch durch bewusste Gesten größere Sichtbarkeit und eine größere Selbstverständlichkeit geben. Emmanuel Macron hat einen Maßstab gesetzt: Als er 2019 Xi Jinping zu Gast in Paris hatte, saßen an seiner Seite Bundeskanzlerin Angela Merkel und der damalige Kommissionpräsident Jean-Claude Juncker. Auch andere Regierungen könnten zu wichtigen bilateralen Gipfeln Vertreter der EU und andere Staats- und Regierungschefs oder Minister einladen – ein einfacher Weg, um die Außenpolitik stärker zu europäisieren. Eine noch einfachere Idee: Wenn ein Regierungschef oder Minister ins Ausland fährt, sollte er sich nicht nur von seinem eigenen Botschafter begleiten lassen, sondern den EU-Vertreter vor Ort dazu laden. Dafür braucht es keine Vertragsänderungen – sondern nur etwas Kreativität und vor allem ehrlichen europäischen Handlungswillen.

Letzte Chance ergreifen

Im Machtdreieck zwischen China und den USA sollte die EU zu ihrer Selbstbehauptung eine Strategie umsetzen, die sich im Inneren wie nach außen ambitionierte Ziele setzt.

Nach 15 Krisenjahren muss sich die EU erstens neue innere Stärke erarbeiten. Dazu gehört mit oberster Priorität die Erholung nach der Gesundheits- und Wirtschaftskrise und eine Umsetzung der Digital- und Klimatransition, ohne den gesellschaftlichen Zusammenhalt innerhalb von und zwischen Staaten weiter zu untergraben. Es muss die sozioökonomische Grundlage dafür gelegt werden, dass gemeinsames politisches Handeln besser möglich wird. Außenpolitik beginnt zu Hause, und nur wenn die EU im Inneren solide aufgestellt ist, wird sie sich international behaupten können. Dabei sollten die Regierungen und die Mitgliedsstaaten genau zuhören, was die Bevölkerung fordert und auch zu geben bereit ist, um die EU als Schutzraum für ihre Interessen zu stärken. Die Konferenz zur Zukunft der EU kommt nach der Covid-19-Krise in einem günstigen Moment: Hier können Bürgerinnen und Bürger bis Anfang 2022 ihre Stimme einbringen – und es ist bei Weitem nicht so, dass dabei nur Kritik geäußert wird. Im Gegenteil: Öffentliche Debatten, aber auch Meinungsumfragen zeigen immer wieder, dass die Bevölkerung bei aller EU-Kritik oft richtige Intuitionen hat, was die Gemeinschaft an Schutz nach innen wie nach außen und an Gestaltungskraft bieten kann und sollte.

Zweitens sollten nationale Regierungen und andere öffentliche Stellen, Unternehmen, Forschungseinrichtungen und gesellschaftliche Akteure mit größter Entschiedenheit an der technologischen und digitalen Wettbewerbsfähigkeit der EU arbeiten, die Infrastruktur – unter Einbezug neuester Technologie – erneuern und dafür sorgen, dass die Wertschöpfungsketten sicher sind. Ziel ist eine größere Eigenständigkeit, weniger Verwundbarkeit – und ein Schutz unserer rechtsstaatlichen Grundprinzipien. Auf noch absehbare Zeit braucht die EU aber eine enge Zusammenarbeit mit US-Partnern, da sie eine längeren technologischen Aufholprozess vor sich hat.

Drittens sollten die EU und die fest im liberal-demokratischen Lager verankerten Regierungen mit größtem Nachdruck und Sanktionsbereitschaft darauf bestehen, dass Rechtstaatlichkeit und Demokratie von allen EU-Staaten eingehalten werden. Wer vom normativen Fundament der EU abweicht, sollte dafür einen höheren Preis bezahlen, etwa durch Ausschluss aus neuen Initiativen. Für den Europäischen Wiederaufbaufonds im Frühjahr 2021 war bereits diskutiert worden, ob Länder, die der Rechtsstaatskonditionalität nicht zustimmen wollten, ausgeschlossen werden. Auch durch den willkommenen Druck des Europäischen Parlaments wurden diese Bedingungen gegen die ursprüngliche Verweigerung Ungarns, Polens und Sloweniens durchgesetzt. Die EU sollte dadurch gewarnt sein: Verfällt der Zustand der Demokratie in einigen EU-Ländern weiter, sollte die Gemeinschaft diejenigen Staaten, die die gemeinsamen Grundsätze nicht teilen, von neuen Initiativen ausschließen und klare Bedingungen für ein späteres Hinzukommen definieren. Auch im NATO-Rahmen sollten Europäer gemeinsam mit den USA Demokratie und Rechtsstaatsprinzipien stärker zum Thema machen, akut gegenüber der Türkei, Ungarn oder Polen, aber auch durch eine klare Definition von Regeln für mögliche weitere Fälle.

Viertens muss die EU liegen gebliebene Reformen angehen, die sie im Inneren stärken und im Äußeren handlungsfähiger machen: Die Vertiefung der Eurozone und die Stärkung der internationalen Rolle des Euro sind dabei ganz wichtige Aufgaben.

Fünftens sollte die EU im außen- und sicherheitspolitischen Bereich ihre Strategie- und Handlungsfähigkeit verbessern. Dazu gehören effizientere Entscheidungsmechanismen oder Kooperationsformen außerhalb der 27er-Gruppe, ein stärkeres Instrumentarium und die angesichts der Größe der Aufgaben nötige Ressourcenausstattung. Hat sich die EU so glaubhaft Handlungsfähigkeit erarbeitet, kann sie sich darauf konzentrieren, ihren Einfluss und ihre Initiativen in multilateralen Organisationen und neuen Institutionen, die für die Zusammenarbeit mit »like-minded« Staaten nützlich sind, zu entwickeln.

Das transatlantische Verhältnis neu denken

Ist die Europäische Union im Inneren gestärkt, sollte sie mit den USA das transatlantische Verhältnis als Wirtschafts-, Werte- und Klimagemeinschaft weiterentwickeln und gemeinsame Herangehensweisen an die wichtigsten außenpolitischen Herausforderungen erarbeiten. Auf den ersten Blick erscheint es so, als ob die EU in wesentlichen Bereichen lediglich Juniorpartner ist, etwa im Beitrag zur transatlantischen Verteidigung, im technologischen Innovationswettbewerb oder in der wirtschaftlichen Erholung. Haben die USA denn überhaupt Interesse an einer engeren transatlantischen Partnerschaft?

So groß und potent die USA auch sein mögen, das Kräftemessen mit China und die wiederkehrenden Provokationen zehren an Kraft und Aufmerksamkeit – und das in einer breiten Palette von Themen. Im Wettbewerb der Elefantenmächte spielt militärische Kraft zwar eine wichtige, aber weniger große Rolle als früher. Konflikte werden heute zunehmend hybrid und weniger klassisch-militärisch ausgetragen. Neben die Hard Power der USA tritt daher die Soft Power der EU, etwa als Wirtschafts- und Regulierungsmacht, und gewinnt relativ an Gewicht. Könnten die USA und die EU ihr Gewicht gemeinsam mobilisieren, indem sie eine solide Wirtschafts- und Wertepartnerschaft aufbauen – zusätzlich zur Verteidigungsallianz, in der die Europäer ihre zugesagten Beiträge leisten müssen –, dann hätten sie China viel wirksamer etwas entgegenzusetzen, als wenn beide Seite allein in den Ring steigen.

Ein gemeinsamer Ansatz von EU und USA gegenüber dem zunehmend aggressiveren China wäre geprägt von zwei Säulen, die eng miteinander verbunden sind: Abwehrmaßnahmen und Zusammenarbeit mit China.

Zu den Abwehrmaßnahmen gehören der Kampf gegen Desinformation und Cyberattacken, das Eintreten für Demokratie und Good Governance, die Reduzierung von Verwundbarkeiten. Die EU sollte für sich selbst die wirtschaftliche Abhängigkeit von China reduzieren und chinesische Beteiligungen an kritischer Infrastruktur verhindern und gleichzeitig mit den USA und anderen Wirtschaftsmächten denjenigen Staaten, gegen die China seine Wirtschaftsmacht in besonderer Weise einsetzt, Alternativen bieten. Während Handels- und Investitionsbeziehungen weitergeführt werden können, sollten die transatlantischen Partner Maßnahmen gegen unfaire Handelspraktiken koordinieren und gemeinsam mit anderen Partnern Menschenrechtsverletzungen, Korruption und andere Verstöße in China ansprechen.

Chinas Modell des autoritären Staatskapitalismus fordert westliche liberale Demokratien mit ihrer sozialen Marktwirtschaft umfassend heraus: durch die Strategie- und schnelle Handlungsfähigkeit der autoritären Führung, seine Aggressivität im Machtausbau – und seine Erfolge. China baut seine Wirtschaftskraft, gerade im technologischen Bereich, mit enormen staatlichen Ressourcen rasant aus. Natürlich hat es Schwächen im Inneren, und es ist heute noch nicht klar, ob das autoritäre Regime tatsächlich über längere Zeit Innovationskraft und Kreativität ermöglicht, die für dauerhaften Fortschritt nötig sind. Heute ist unklar, ob Chinas Streben nach weltweiter Vorherrschaft an inneren Schwächen scheitert. Es nutzt derweil unfaire wirtschaftliche Praktiken, die teilweise gegen internationale Standards verstoßen, etwa den Einsatz staatlicher Unternehmen, den Diebstahl geistigen Eigentums, und es beschränkt den Marktzugang für ausländische Firmen.

Seinen politischen Einfluss verbreitet China über Initiativen wie die Belt-and-Road-Initiative in jeder Weltregion. Gegen Staaten oder Personen, die China kritisieren oder sich wehren, geht Peking zunehmend aggressiv vor. Seit Jahren – und mit wachsendem Einfluss – stört es im Ausland demokratische Praktiken und verhilft autoritären Herrschern, etwa durch den Export von Überwachungstechnologie, dazu, ihre Macht zu stärken. Seine militärische Kraft entwickelt China entschieden fort, besonders im Indo-Pazifik ist dies spürbar – auch mit Folgen für die EU und die USA. Mit welcher Rücksichtslosigkeit China bereit ist, seine eigenen Interessen zu verfolgen, zeigt sich auch durch sein Agieren in internationalen Organisationen: Es behinderte beispielsweise durch seinen über Jahre ausgebauten Einfluss in der Weltgesundheitsorganisation ganz entschieden deren Bemühungen, die Ausbreitung des Covid-19-Virus zu verstehen und zu bremsen.

Auf absehbare Zeit wird es nach westlichen Maßstäben kein verantwortlicher Partner in einem reformierten multilateralen System sein, das Menschenrechte, Demokratie und Rechtsstaatlichkeit stützt. Trotzdem muss mit China eng zusammengearbeitet werden. Die EU sollte mit China Mittel und Wege entwickeln, die es erlauben, globale Probleme nicht nur ad hoc zu bearbeiten, sondern dafür einen veränderten multilateralen Rahmen zu setzen. Kurzfristig geht es darum, europäische Interessen zu schützen in den vielen Bereichen, in denen China sie durch seine aggressive Strategie bedroht. Peking sollte zu spüren bekommen, dass seine Provokationen und das Verletzen internationaler Regeln einen Preis haben. Mit welchen konkreten Maßnahmen gegen welche Verstöße reagiert wird, sollte im Rahmen einer transatlantischen Strategie gegenüber China erarbeitet werden.

Kooperation mit China

In den Bereichen, in denen eine Zusammenarbeit mit China nötig und für alle Beteiligten nützlich ist, sollten die EU und die USA diese gemeinsam suchen. Das gilt etwa für den Kampf gegen den Klimawandel oder auch die Bekämpfung von Pandemien. Je nach Eskalationsniveau im jeweiligen bilateralen Verhältnis sollten unterschiedliche Akteure in den Lead gehen. Deutschland kann hier eine herausragende Rolle spielen, hat es doch enge Wirtschaftsbeziehungen zu China und über Jahre gewachsene politische Kontakte, die dabei helfen können, trotz aller Konfrontation und Zurückweisung einen Gesprächskanal über Themen offenzuhalten, die gemeinsamer Bearbeitung bedürfen. Auf die Agenda gehören neben Klimaschutz und Gesundheitsthemen auch die Rüstungskontrolle oder globale Wirtschaftsthemen, die Europa und die USA allesamt ohne eine Kompromittierung der eigenen Werte angehen sollten. Das setzt allerdings für die EU voraus, dass sie glaubwürdig ist und ihre Werte auch im Inneren wirksam verteidigt.

Der Machtkampf zwischen den USA und China hat weitreichende Konsequenzen für Europa. Er wird durch Auseinandersetzungen um Handel, Technologie und Standards ausgetragen, und er zwingt die Europäer zu einer Verortung in dieser neuen Polarität. Vom Wertesystem her betrachtet stehen die EU und auch Großbritannien ganz klar im westlichen Lager. Es ist im Interesse der Europäischen Union und ihrer Mitgliedsstaaten, dass eine starke transatlantische Wirtschaftsgemeinschaft und ein gemeinsamer regulatorischer Rahmen für die Kernthemen der Zukunft entstehen, die auf einer Wertegemeinschaft basieren. Der Machtkampf drängt die Europäer auch, über die Beziehungen mit Afrika und Lateinamerika nachzudenken. Auch dort dehnt China seine Macht immer weiter aus. Die meisten Staaten in diesen Regionen wollen vermeiden, sich auf die Seite der USA oder Chinas stellen zu müssen. Sie blicken daher immer stärker auch auf Europa, denn sie brauchen einen dritten Pol. Die EU hat die große Chance, dieser Pol zu werden.

Dazu muss die EU ihr Tempo, ihre Handlungsfähigkeit und ihre Entschiedenheit den Veränderungen in der übrigen Welt anpassen. Gelingt der EU das nicht, wird sie selbst verändert werden. Denn viele Akteure da draußen arbeiten nicht mit uns für, sondern gegen unseren Erfolg. Der frühere Außenbeauftragte der EU, der Spanier Javier Solana, sagte bei einem Vortrag vor Studierenden: »Wenn du dich langsamer veränderst als die Welt um dich herum, gehst du relativ gesehen rückwärts.« Das sollte die EU nicht mit sich geschehen lassen. Der Preis, zwischen den USA und China zerrieben zu werden, ist viel, viel zu hoch.

Ein optimistischer Blick nach vorn

Vielleicht hilft es den Entscheidungsträgerinnen und Entscheidungsträgern und den Bürgerinnen und Bürgern, sich ab und zu vorzustellen, wie es denn wäre, wenn alles gut ist auf unserem Kontinent: Wir hätten eine Gemeinschaft, die ihre ökologische Transformation nicht nur als Erste entschieden begonnen, sondern mit Bravour gemeistert hat. Keine gesellschaftliche Gruppe hat übermäßig mit der Umstellung zu kämpfen. Diese EU kooperiert mit anderen Staaten und Regionen in ihrer eigenen Klimatransformation, auch dank der Vorreiterrolle der europäischen Wirtschaft, die Umstellungsfähigkeit und Innovationskraft bewiesen hat. Sie geht entschieden dabei voran, unsere Welt vor der absoluten Klimakatastrophe zu retten. Sie hat technologisch aufgeholt und die Digitalisierung gemeinsam mit den USA so reguliert, dass diese im Dienste der Demokratie steht und sie nicht untergräbt. Ihre Gesellschaft hat sich verändert – von Konsumverhalten über Lebensgewohnheiten, von Flexibilität, Innovationskraft und lebenslangem Lernen über eine neue Wertschätzung von Nachhaltigkeit hin zur Anerkennung, wie wichtig und schützenswert die EU als Wertegemeinschaft ist. Es ist eine Gemeinschaft, in der die Bevölkerung im Grunde zufrieden ist. Denn sie garantiert auch nach Jahrzehnten immer noch Frieden und Stabilität und individuelle Freiheit. Das sagen die Politikerinnen und Politiker in dieser Gemeinschaft auch immer wieder gerne und ehrlich – und sind gleichzeitig kritikfähig, denn das System der EU wird immer wieder angepasst und weiterentwickelt werden müssen. Dies wird nicht als Schwäche gesehen, sondern als angemessen weitsichtig. Welcher Staat, welche Gemeinschaft von Staaten hat schon ohne Wandel so lange überlebt? Es ist ein Europa, das weiß, dass es unfassbar viel zu bieten hat, von kulturell bis landschaftlich, von politisch bis kulinarisch, von historisch bis hin zur Zukunftsfähigkeit. Vielleicht können in dieser EU die Bürgerinnen und Bürger einfach gemeinsam stolz auf sich sein. Und Politiker und Politikerinnen das große Ganze in den Blick nehmen. Dann fällt es auch leichter, international die Verantwortung zu übernehmen, die der Europäischen Union entspricht.

Dank

Ich habe dieses Buch geschrieben, weil jetzt der Moment Europas ist. Weil die Europäische Union zu wichtig ist, als dass wir nicht genau hinschauen, wie es um sie steht. Weil wir deutlich mehr dafür tun müssen, dass sie sich behaupten kann in einer Welt im rasanten Wandel.

In das Buch eingeflossen sind Erkenntnisse und Erfahrungen aus vielen Jahren Forschungs- und Beratungstätigkeit. So danke ich vielen Kolleginnen und Kollegen, Entscheiderinnen und Entscheidern, ihren Beraterinnen und Beratern für unseren Austausch, genauso wie meinen Studierenden an der Freien Universität und vielen Menschen, mit denen ich bei Veranstaltungen diskutieren durfte. Ich danke unseren drei Kindern, aus deren Fragen und ihrer Selbstverständlichkeit im Umgang mit Europa und seinen Eigenheiten ich sehr viel lerne. Ihnen widme ich dieses Buch.

Martin Bialecki, Christoph Erber, Rolf Nikel, Roderick Parkes, Jens Riedel, Victoria Rietig und Constanze Stelzenmüller haben Teile des Manuskripts gelesen und kommentiert. Rosa Blach, Ole Spillner und Omid Gülland haben mich bei der Recherche unterstützt, Antonia Kraft und Mia Riedel das Manuskript bearbeitet. Ihnen allen danke ich – und ganz besonders Waltraud Berz für die Betreuung des Buches seitens des Campus Verlags und Thorsten Schulte für das Lektorat. Eventuelle Fehler oder Auslassungen sind allein meine Verantwortung.

Die Europäische Union wird heute kritischer beobachtet und sie muss sich immer wieder begründen und verantworten. Das ist völlig richtig so. Wir müssen aber darauf achten, dass die Kritik konstruktiv bleibt – und, dass sie mit politischer Handlungsbereitschaft einhergeht.

Denn damit die EU ein so wichtiger Teil unserer Lebensnormalität bleibt, muss sie weiterentwickelt werden. Das wiederum geschieht nur, wenn Politikerinnen und Politiker und ihre Wählerinnen und Wähler einsehen, dass wir gemeinsam handeln müssen, um unsere Interessen in einer Welt im Wandel zu verteidigen und die enormen Errungenschaften Europas zu schützen und weiterzuentwickeln. Inspiriert von vielen formuliere ich dazu meine Vorstellungen in diesem Buch. Ich danke Ihnen, dass Sie sich Zeit dafür nehmen.

Register